生涯规划与学科素养的融合

理科篇

孙 旭　主编

郑州大学出版社

图书在版编目(CIP)数据

生涯规划与学科素养的融合.理科篇／孙旭主编.— 郑州：
郑州大学出版社，2024.7
ISBN 978-7-5773-0316-1

Ⅰ.①生… Ⅱ.①孙… Ⅲ.①职业选择 - 教学研究 - 高中
Ⅳ.①G633.932

中国国家版本馆 CIP 数据核字(2024)第 081592 号

生涯规划与学科素养的融合·理科篇
SHENGYA GUIHUA YU XUEKE SUYANG DE RONGHE·LIKE PIAN

策划编辑	郜 毅	封面设计	王 微
责任编辑	袁翠红	版式设计	苏永生
责任校对	郜 静	责任监制	李瑞卿

出版发行	郑州大学出版社	地 址	郑州市大学路40号(450052)
出版人	孙保营	网 址	http://www.zzup.cn
经 销	全国新华书店	发行电话	0371-66966070
印 刷	郑州宁昌印务有限公司		
开 本	787 mm×1 092 mm 1 / 16		
本册印张	8.75	本册字数	206 千字
版 次	2024 年 7 月第 1 版	印 次	2024 年 7 月第 1 次印刷

书 号	ISBN 978-7-5773-0316-1	总定价	88.00 元(全 2 册)

编委会名单

顾　问　李亚杰

主　编　孙　旭

副主编　赵国民　李　健　韩　伟　冯海霞

编　委　（以姓氏笔画为序）

于孝洋　于　鹏　王泊宁　尤淑艳　邢　红

任维鹏　刘长侠　刘伟杰　刘　畅　刘艳飞

米达越　安志超　孙窗舒　杨　哲　李文杰

李文玲　李艳慧　吴志芬　宋艳姝　张　婧

陈　晨　周献萍　徐少飞　徐　静　高艳红

隋开印　谢　迪　潘春雨　戴丽丽

前　言

新高考正以破竹之势蓬勃发展,生涯规划的重要性日益凸显。这不仅关乎个人的兴趣与才华,更涉及未来职业道路的选择和发展。编者希望通过这本书,帮助有需要的人构建一个清晰可行的生涯目标,使得学业与职业发展相互促进。

1.融合的必要性

(1)知识体系的完整性:生涯规划是一个多元且复杂的过程,它涉及心理学、社会学、经济学、管理学等多个学科的知识。单一学科的知识难以全面揭示生涯规划过程中的各种现象与问题,因此需要多学科的交融,以提供更完整、准确的信息。在高中教学过程中,将知识转化为能力,知识与社会有效衔接更好地助力学生提升综合素养。

(2)适应社会变迁:社会的进步和发展对生涯规划提出了新的要求。例如,科技的飞速发展和全球化的推进,使得个人职业发展面临了更多的机遇与挑战。多学科的融合有助于人们更好地理解和适应这些变化。

(3)个性化需求:每个人都拥有独特的生涯规划目标和背景,需要有针对性的指导和支持。多学科的融合可以提供更为个性化的建议和解决方案,满足不同人群的多样需求。

2.融合的方法与路径

(1)建立跨学科团队:集结不同学科领域的专家和学者,共同研究与开拓生涯规划的理论和方法。通过跨学科的交流与合作,打破传统学科界限,实现知识的融合与创新。

(2)整合现有资源:对各学科关于生涯规划的知识和资源进行系统性的梳理和整合,形成统一的知识体系,以便个体全面而深入地学习和应用。

(3)创新教学方法:通过案例分析、实践项目等生动、形象的教学方式,激发人们对生涯规划的兴趣和热情。让人们在互动与体验中收获知识,提升技能。

（4）提供实践机会：与优秀企业和社会机构建立合作关系，为个体提供实践和实习机会。让他们将所学知识应用到实际生活中，进一步加深对生涯规划的理解与感悟。

3.预期成果

通过学科融合的方式，我们期望能够提供更为全面、深入的生涯规划指导，帮助个体更好地认识自己的兴趣、能力和价值观，明确生涯目标，并制订切实可行的行动计划来实现这些目标。同时，我们也期望能够推动生涯规划领域的持续发展和创新，培养出更多具备生涯规划能力和创新精神的优秀人才，为未来社会的发展做出贡献。

4.结语

生涯规划是一个关乎个人和社会发展的重要领域，需要多学科的共同参与和支持。我们坚信，通过学科融合的方式，能够为生涯规划领域注入新的活力和动力，帮助更多的人实现他们的生涯目标，创造美好的未来。在这个充满无限可能的时代里，让我们共同探索、创新与实践，为每个人的生涯发展描绘一幅绚丽多彩的画。

孙　旭
2023 年 11 月

目　录

生涯规划在高中生物教学中的引领

点亮生涯灯塔　引擎规划人生

徐少飞

一、案例概述

小婧同学小升初成绩排在年级前 10 名,升入初中后学习依然很努力,但这一阶段正处于青春期,她开始与家长发生矛盾,冲突不断升级,妈妈总是强迫她去补课,就这样较劲了三年,中考没有考出自己理想的成绩。原计划考进重点高中的梦想破灭了,结果被一所普通高中录取,该校的学习环境、学生素质、学习氛围都让她很失望,在学习上越来越不能集中精力,发呆的时间越来越长,经常一个人坐在教室里,心却不知去向,随之而来的是学习不能集中精力,成绩直线下降。一段时间过后,小婧越来越感到迷茫、无助、失落,她不知道自己为什么学习? 更不知道自己现在学的东西到底有什么用处? 每天就这样漫无目的地上课、下课,餐厅、宿舍、教室"三点一线"的生活变得索然无味,只知道低头赶路,不知道抬头看路,没有了对未来的期待。

小婧同学的班主任约小婧谈心,小婧说:"老师我想继续好好学习,可是我没有方向、学习缺乏兴趣,不明确学习目标,进而有些厌学了,我现在生活都不能开心,真的是无所适从。"

班主任发现小婧其实潜力巨大,但方向不明确,方法不得当,急需要做好生涯规划,开启她的规划人生。

二、咨询过程及解决方案

(一)观察咨询对象

有个性、内向兼外向、自控力强、励志、有想法但不确定、迷茫,从小喜欢画画、舞蹈,特别不喜欢动手性的玩具、不喜欢太程序化的事情。

(二)分析原因

(1)小婧的情况并不是个案,现在的初高中的校园中,像小婧这样因为缺乏学习兴趣,不明确目标,进而产生厌学情绪的孩子越来越多。

(2)迷茫:学习目标不清晰,没有学习方向。

(3)焦虑:

1)外源因素:家里妈妈总是责怪;周围学习氛围不浓,老师又不断强调考学的竞争压力;大环境使自己认为未来难以找到合适的工作而紧张。

2)内源因素:不自信;内在自尊心和价值感直接产生不良的成就动机、心理定式;情绪、情感;气质类型和学习成败的归因分析等。

(三)解决方法

引导该生做自我探索,遇见未来的自己!

第一步:激发梦想,落地目标。

霍兰德兴趣测试:SEA(社会、企业、艺术)相应的职业匹配,娱乐活动管理员、国外服务办事员、社会服务助理、艺术家、一般咨询者。

MBTI性格测试:ENFP代表外向、直觉、情感、依赖型的竞选者型人格。具有魅力,充满生机,具有出色的洞察力和观察力,喜欢和睦,避免冲突,会把更多的精力倾注于维持个人关系而不是客观事物。

适合领域:广告创意、广告撰稿人、市场营销和宣传策划、艺术指导、公关专家等。

性格测试关键词:"天下没有什么不可能的事!"(该生很兴奋,很受触动)

通过这两个测试,小婧同学对自己有了进一步的了解,在兴趣解析中发现了自己的天赋优势(当时非常兴奋),明确了人生目标;性格解析后增强了自信心,她开始相信自己是可以的,她不是就这样什么都做不了的,而是"我能行"!她清楚地了解自己的性格优劣势,同时也找到与其兴趣、性格类型相匹配的大学专业和未来职业(美术)。

意义:认识性格,读懂自己。

第二步:制定适合小婧同学的学习计划并跟进赋能。

赋能:通过专业测评,小婧同学找到了她的内在优势,老师开始引导她继续谈论让她最自豪最想做的事,由此引出她的梦想,她想考美术类大学(谈话时还没有具体到哪所大学),接着让她分析当下自己的学习成绩离自己的梦想相差多大空间,进而落地目标。

具体指导:

1.目标管理

(1)确立远大目标:人生职业定位目标(美术老师)。

(2)确立长期目标:高中两年文化课和专业课同时提升,文化课高考时接近鲁美提档分,专业课重点训练人物绘画。

(3)细化近期目标:高二上学期重点放在语文、数学、英语三大主科。其中主攻数学(数学是拉开文科生成绩的关键科目)目标分数为90分。语文攻克短板阅读理解题(该生常丢分点),英语单词量不够,影响完形填空的得分准确率(突击单词背诵,每天打卡量化到多少个)。

在制定学习目标时,需要合理可行,让自己稍微努力就可以达到这一个目标,就像摘苹果,跳跳就够得着。如果目标太高,不管如何努力都达不到,那么该同学会产生焦虑感。

目标制定遵循三原则:①知识不欠账;②疑难不放过;③学习不偏科。

2.时间管理

应有重点地把主要的精力和时间集中地放在处理那些重要但不紧急的事情上,这样可以做到未雨绸缪,防患于未然。目标想实现主要靠制定合理的时间安排。

让小婧同学把时间细化到早上6:30起床到晚上熄灯,每个规划出来的时间点都具体到每一科的学习内容,这样可以把她的学习目标融进去,而后每天记录学习总结,第一阶段坚持21天(21天习惯形成法则),第二阶段坚持87天,让好习惯形成肌肉记忆,助力目标落地,逆袭梦想达成!

时间管理三原则:①积极主动原则;②计划控制原则;③实践发展原则。

三、案例的经验分析

通过个案分析,清晰地知道,其实生活中这样的孩子有好多,每年都有孩子由于中考没发挥好而考入普通高中,他们对自己的成绩不是很满意,而放弃自己梦想。其实不是孩子没有梦想,而是他们不知道梦想是什么;不是孩子不想学习好,而是他们不知道学习好的路径是什么。

做到以下几点,人生将有不一样的精彩!

(1)明确规划意义,做最好的自己。

许多孩子非常盲目地在学校混日子,约1/3的学生不知道为什么要去考大学,高中三年最终实现的目标是什么。所以一定要让孩子制定自己未来的规划,脚踏实地地去实现自己高中三年之后的大学梦!

(2)确定好方向,树立长远目标。

没有目标就会迷失方向,就会失去前进的动力。因此,在高中阶段的学习中,一定要引导孩子们深入地了解自己的兴趣、性格特征,明确自己未来发展的大致方向,激发自己内心对未来的向往,激发内心的一种斗志,从而把这种斗志变成内在的动力,充满希望地学习,充满希望地去成长,充满希望地面对未来的挑战。

(3)拓展学习范围,提高综合能力,最大限度地实现自己的梦想和价值。

一个人兴趣爱好可能会有很多,选择哪一个,还需要考虑社会现实的条件和市场上的职业供求状况。重视职业本身的发展,就算兴趣和能力再高,如果社会不需要或者需要得极少,那么就业也很难,不能最大限度实现自己的梦想和价值。在引导孩子确定好长远目标,定好方向之后,还要规划孩子做好学习能力的提升,在学习之外能提高自己的综合能力。比如说提高自己的抗压能力、人际交往能力、语言表达能力、自控能力、关爱他人能力,这些都是在高中阶段需要锻炼和培养的综合能力。

测评是个工具,工具要发挥其应有的作用,必须满足三个条件:

(1)在专业的咨询师监督下完成。

(2)咨询师和孩子的状态良好。

(3)咨询师后续跟进高质量的面评。

现在的孩子对幸福的理解才刚刚开始,高中三年的学习,一定会让他们找到属于自己的那片蓝天,不断完善自我,不断地追求卓越,缔造幸福,创造更大的奇迹!

生涯规划在高中数学教学中的引领

《总体取值规律的估计》教学设计方案

刘伟杰

课型	新授课	课题	总体取值规律的估计	教材版本	人教版
年级	高二	课时	1课时	授课教师	刘伟杰
课程标准	能够区别统计思维与确定性思维的差异、归纳推断与演绎证明的差异。能够结合具体问题,理解统计推断结果的或然性,正确运用统计结果解释实际问题				
教学目标	1.理解并掌握画样本数据的频率分布表和频率分布直方图的步骤和方法,并能通过频率分布直方图对总体进行分布规律的估计。 2.理解不同统计图在表示数据上的不同特点,在问题情境中会用不同的统计图分析样本数据。 3.理解统计的基本思想,能用随机抽样的方法和用样本估计总体的思想解决简单的实际问题				
教材分析	本节的内容是人教版必修二第九章第二节第一课时《总体取值规律的估计》,是在通过上一节的方法得到了数据的基础上,而对数据进行进一步的处理,是第一种用样本估计总体的方法,是学习后面几种估计总体方法的基础,又是学习统计的关键				
学情分析	在初中,学生已经初步了解了用样本估计总体情况的方法,学习了条形图、折线图、扇形图、频数分布直方图,并能解决简单的相关实际问题,在本节中将进一步学习画频率分布直方图的步骤,学会对于给定的多个数据如何进行妥善处理,如何从统计表中获取有价值的信息,用相关语言对分布规律进行描述				
生涯设计	通过情境激发学生学习热情,再通过实际案例体会统计与生活息息相关,激发学生深入探究的兴趣,最后通过专业及就业的介绍,逐步完成自我认知,找准角色定位,为即将到来的选科指引方向,以最佳的方法,设计、选择和实践自己的人生之路				
重点难点	重点	绘制频率分布直方图			
	难点	用不同的统计图分析样本数据,估计总体分布规律,从中获取有价值的信息			
设计思路	通过情境中的飞机护甲和防弹裤的问题激发学生学习本节内容的热情,通过对居民月均用水量的制定的例题学会如何绘制频率分布直方图,再通过例题熟练掌握绘制频率分布直方图及如何解读频率分布直方图,让学生感受到统计与我们的生活息息相关,进而激发学生深入探究统计学的兴趣,最后通过专业链接及就业前景的介绍,逐步完成自我认知,找准自己的角色定位,对即将到来的选科指引方向,以最佳的方法,设计、选择和实践自己的人生之路				

教学方法	讲授法、小组讨论法、多媒体演示			
教学过程	手段	教师活动	学生活动	教学设计意图
导入新课	课件展示	展示统计影响决策的两个情境,引导学生发现统计学能为相关决策提供依据和参考	了解统计学帮助人们做理性决策	调动学生思维激发智慧潜能
讲授新课	课件展示(智慧屏、板书)	活动一:呈现课本第193页问题,引导学生回顾抽取样本的方法及目的。明白抽取样本是从样本中获取信息,进而估计总体特征	回答抽取样本的方法及目的	复习旧知识,问题导入,确保新知识的自然引入
		活动二:观察课本第193—194页100户居民月均用水量数据,引导学生理解无法直接从多而杂的原始数据中提取信息时,必须借助图、表等帮助分析数据,得到数据规律	阅读数据,思考数据多而杂时,如何读取信息	通过观察并整理数据,发现统计的重要性,激发学习兴趣
		活动三:通过例题探究如何画频率分布直方图,并用课件展示关键步骤及具体操作方法	阅读教材内容,尝试合理设置组距	通过实例,分解步骤,阶梯性地提出问题,引导学生不断深入探究
		活动四:提出问题:频率分布直方图与频数分布直方图有什么区别?在频率分布直方图中,小长方形的面积等于什么?每个小矩形的面积和等于什么?通过问题,引导学生深入解读频率分布直方图	再次观察频率分布直方图,通过计算得出小长方形面积=频率,矩形面积和为1	加深学生对频率分布直方图的理解
		活动五:提出问题:观察频率分布表及频率分布直方图,你觉得这组数据中蕴含了哪些有用的信息?你能从图表中发现居民用户月均用水量的哪些分布规律?你能给出适当的描述吗?	阅读教材"观察"下面内容,分组讨论"探究"提出的问题,展示发现的问题	通过小组讨论,发现合理设置组距可以避免产生对信息的错误解读,从而影响对总体的判断
		活动六:课件展示课本例题,将教材中要解决的问题分解成一个个由浅入深的小问题,降低难度,引导学生发现不同统计图在表示数据上的不同特点	结合问题,阅读教材,通过对比的方法,得出不同统计图的优缺点及适用范围	通过实例加深学生对不同统计图的理解,分解问题可有效防止学生因题目冗长而产生厌烦情绪

课堂小结	1. 画频率分布直方图的步骤。 2. 不同图表在表示数据上的不同特点
课后作业	探究:我国能源虽然丰富,但分布很不均匀,并且人均占有率低,为了解节约用电情况,计划对居民生活用电实行定额管理,即确定一个居民月用电量标准,用电量不超过的部分按平价收费,超出的部分按议价收费。如果希望大部分居民的日常生活不受影响,那么标准定为多少比较合理呢? 为了较为合理地确定出这个标准,需要做哪些工作?
板书设计	总体取值规律的估计 1. 画频率分布直方图的步骤 2. 解读频率分布直方图 3. 图表种类及特点
教学反思	本节课主要学习了通过对数据的整理画出频率分布直方图等各种统计图表,方便进一步分析数据,对总体情况做出客观、理性的估计。其中绘制频率分布直方图是难点,通过分解问题降低难度,很好地突破了难点。由安装飞机护甲到防弹裤问题,引发学生思考统计对决策的影响,通过评价水费标准的制定学会画频率分布直方图,通过例题了解不同统计图表的特点,感受面对多而杂的数据时,必须借助图、表来计算分析数据,进而从中找出数据的规律。体会统计学与生产、生活、军事、政策的制定等息息相关,同时也意识到统计学的重要性,帮助学生了解相关专业的研究及就业方向,为新高考选科保驾护航,鼓励学生努力学习,将来遇到问题可以利用统计学原理理性地做出决策

《余弦定理》教学设计方案

于孝洋

课型	新授课	课题	余弦定理	教材版本	人教版
年级	高一	课时	1课时	授课教师	于孝洋
课程标准	推导证明余弦定理,掌握余弦定理,并能用余弦定理解决简单的解三角形问题				
教学目标	1.知识目标:掌握余弦定理证明方法,牢记余弦定理内容;会利用余弦定理及其推论解三角形。 2.方法目标:培养学生分析、解决解三角形的问题以及推理探索数学规律的数学思维能力。 3.核心素养目标:让学生在直观想象、逻辑推理、数学运算等方面的素养得到较好的培养				
教材分析	本节内容选自人教版第六章第四节,教材通过引入三角形确定性问题,提出"三角形的其他元素与给定的元素有怎样的数量关系?"这一问题,然后用向量的方法研究这个问题,从而得到余弦定理的内容。余弦定理是三角函数一般知识和平面向量知识在三角形中的具体应用,是解可转化为三角形计算问题的其他数学问题及生产、生活实际问题的重要工具,也因此成为高考的必考内容之一,因此,余弦定理的知识非常重要				
学情分析	学生已经对三角形有了定性的认知,但是还不能定量去描述三角形的边角关系。而且,学生已经学习了三角函数、平面向量等有关内容,对于三角形中的边角关系有了进一步的认识,具备自主探究推导余弦定理的知识储备。在此基础上研究向量的应用——余弦定理以及余弦定理的应用,学生有学习基础和学习兴趣。本节内容思维量较大,对思维的严谨性和直观想象,逻辑推理、数学运算等能力有较高要求,学生学习起来有一定困难				
生涯设计	通过创设情境、引导学生探究余弦定理的数学体验,既可以培养学生分析问题的能力,也可以加深学生对余弦定理的认识,同时培养学生数学建模的学科素养。这里三角模型的应用体现了三角函数的数学思想,在实际生活中,有许多现象可以由三角函数来模拟,例如,建筑设计、航海、国防、测绘工程等,引导感兴趣的学生上大学时选择建筑设计、航海、国防、测绘等相关专业,毕业时可以从事建筑工程制图、航海技术、国土与房产等相关工作,让学生从高中开始就有生涯规划意识				
重点难点	重点	①探究和证明余弦定理的过程。②运用余弦定理及推论解三角形			
	难点	①运用向量法证明余弦定理的思路。②对余弦定理的熟练应用			
设计思路	通过创设情境构建模型,激发学生学习兴趣,并借助向量推导证明余弦定理				

教学方法	讲授法、探究法、讨论法、合作学习法			
教学过程	手段	教师活动	学生活动	教学设计意图
导入新课	课件展示(板书课题)	旅游业得到复苏,假期去哪里旅游成为人们再次提起的热点话题。本节课首先给大家介绍一个著名的景点"千岛湖"。千岛湖位于我国浙江省淳安县境内,因湖内有星罗棋布的一千多个岛屿而得名。现有三个岛屿A,B,C,岛屿C与B之间的距离因A,B之间有另一小岛而无法直接测量,但可测得AC,BC的距离分别为6 km和4 km,且AC,BC的夹角为120°,岛屿A,B间的距离如何计算呢?	学生欣赏千岛湖的优美风景,并思考问题如何进行解答	创设情境,激发学生学习兴趣,从情境中抽象出数学问题——已知三角形两边及其夹角,如何求第三边,引入新课
讲授新课	课件展示(板书余弦定理内容)	一、概念形成 问题1:已知两边及它们的夹角求第三边,当夹角为多少度时我们可以求出? 问题2:以任意三角形为例,探索如何求出第三边? 如:在△ABC中,三个角A,B,C所对的边分别是a,b,c,怎样用a,b和C表示c? 如图,设 $\vec{CB}=\vec{a}, \vec{CA}=\vec{b}, \vec{AB}=\vec{c}$ 那么在△ABC中,用a,b和C表示c的本质就是用$|\vec{a}|,|\vec{b}|$和向量$\vec{a}$与$\vec{b}$的夹角C来表示$|\vec{c}|$,你能表示出来吗? 因为 $\vec{c}=\vec{a}-\vec{b}$ $|\vec{c}|=\vec{c}\cdot\vec{c}=(\vec{a}-\vec{b})\cdot(\vec{a}-\vec{b})$ 故 $=\vec{a}\cdot\vec{a}+\vec{b}\cdot\vec{b}-2\vec{a}\cdot\vec{b}$ $=\vec{a}^2+\vec{b}^2-2|\vec{a}||\vec{b}|\cos C$ 所以 $c^2=a^2+b^2-2ab\cos C$ 同理可得 $a^2=b^2+c^2-2bc\cos A$ $b^2=a^2+c^2-2ac\cos B$ 得出余弦定理: $c^2=a^2+b^2-2ab\cos C$ $a^2=b^2+c^2-2bc\cos A$ $b^2=a^2+c^2-2ac\cos B$	学生讨论回答问题1:当夹角为90°时,利用勾股定理可以求出。学生分组交流、讨论问题2,得出结论。教师提出有关向量的问题,学生举手回答	问题1、2以及探究的设置帮助学生更全面地应用向量,在运算过程中需要注意B点坐标的求法

| 讲授新课 | 课件展示(板书余弦定理内容) | 即三角形中任何一边的平方,等于其他两边平方的和减去这两边与它们夹角的余弦的积的两倍。

探究:还有其他的方法证明上述关系式成立的吗?

提示:可以用向量、坐标的方法,课上不讲述,留作课下探讨,这里讲述"平面几何"法。

问题3:我们发现,当三角形其中一个角为90°时,余弦定理就是初中阶段所学的勾股定理,那你能否用平面几何方法证明余弦定理呢?

分情况讨论:
当 C 为直角时,根据勾股定理得 $c^2 = a^2 + b^2$

当 C 为锐角时,如图,
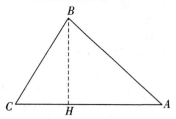
$BH = a\sin C$ $CH = a\cos C$
$AH = b - CH = b - a\cos C$ 在 $Rt\Delta BHA$ 中,
$c^2 = (a\sin C)^2 + (b - a\cos C)^2$
$= a^2 + b^2 - 2ab\cos C$

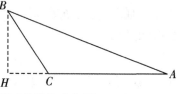
当 C 为钝角时,如图,
$BH = a\sin(\pi - C)$
$CH = a\cos(\pi - C) = -a\cos C$
$AH = b + CH = b - a\cos C$
在 $Rt\Delta BHA$ 中,
$c^2 = (a\sin C)^2 + (b - a\cos C)^2$
$= a^2 + b^2 - 2ab\cos C$;
综上,$c^2 = a^2 + b^2 - 2ab\cos C$ | 学生分组讨论问题3,得出结论。
教师提出有关平面几何的问题,学生分小组讨论,得出结论。
学生分组进行讨论问题4,并让小组派代表进行发言。
学生理解并记忆解三角形的定义 | 问题3的设置目的是鼓励学生建立数学知识之间的联系,培养学生解题思维的灵活性,也更进一步让学生体会到向量作为工具的强大力量。体现新课标"教师引导,学生主体"的新理念,让学生自主去发现推导定理。
问题4的设置帮助学生加深对余弦定理的记忆,并掌握余弦定理的应用方向。通过问题的设置,培养学生自主研讨能力、合作交流能力、分析问题能力、解决问题能力。为学生今后的人生规划做铺垫 |

| | | 同理可得 $a^2 = b^2 + c^2 - 2bc\cos A$ $b^2 = a^2 + c^2 - 2ac\cos B$ 二、概念深化 问题4: (1)勾股定理与余弦定理有怎样的联系? (2)余弦定理公式在结构形式上有怎样的特点? (3)已知两边及其夹角能否求另外的一边与另外的两个角? (4)若已知三条边能不能求出三个角? 问题5:已知三角形的几个元素求其他元素的过程叫什么? 一般地,三角形的三个角 A,B,C 和它们的对边 a,b,c 叫作三角形的元素。已知三角形中的几个元素求其他元素的过程叫作解三角形。 问题6:利用余弦定理可以解决哪两类解三角形的问题? 三、应用举例 例1 在 ΔABC 中, $a = 7, b = 8$,锐角 C 满足 $\sin C = \dfrac{3\sqrt{3}}{14}$,求 B(精确到 $1°$)。 引导学生分析 解:$\because \sin C = \dfrac{3\sqrt{3}}{14}$,且 C 为锐角, $\therefore \cos C = \sqrt{1 - \sin^2 C} = \dfrac{13}{14}$ 由余弦定理得 $c^2 = 49 + 64 - 2 \times 7 \times 8 \times \dfrac{13}{14} = 9$ $\therefore c = 3$ 进而 $\cos B = \dfrac{a^2 + c^2 - b^2}{2ac} = \dfrac{9 + 49 - 64}{2 \times 3 \times 7} = -\dfrac{1}{7}$ 利用计算器,可得 $B = 98°$ 例2 在 ΔABC 中, $b = 3, c = 2\sqrt{3}, A = 30°$ 解这个三角形。 解:由余弦定理,得 $a^2 = b^2 + c^2 - 2bc\cos A = 3$ $\therefore a = \sqrt{3}$ $\cos B = \dfrac{a^2 + c^2 - b^2}{2ac}$ $= \dfrac{3 + 12 - 9}{2 \times \sqrt{3} \times 2\sqrt{3}} = \dfrac{1}{2}$ $\therefore B = 60°$ $\therefore C = 180° - A - B = 90°$ | 学生同桌之间讨论回答:余弦定理可以解决两类解三角形的问题。 学生思考两个例题,掌握余弦定理的应用,练习巩固千岛湖问题。 学生跟随教师的引领完成本节课知识点的归纳总结,将本节课的知识加深记忆,然后运用知识自行解答练习题,体会如何运用余弦定理解三角形,以及余弦定理的两种表示形式的差异和使用情境 | 通过例题讲解,让学生灵活掌握并运用余弦定理,提升学生数学运算素养和解决问题的能力,最后再根据所学的定理解决课时提出的问题,前后呼应,巩固本课所学。 注重生涯规划的引导,让学生有生涯规划的意识,鼓励学生规划自己的人生,有目的地去体会每一节课的应用价值。 总结知识点让学生从整体掌握本节课知识要点,加深学生记忆;习题检测夯实基础知识,检验学生是否完成教学目标 |
| 讲授新课 | 课件展示(板书余弦定理内容) | | | |

讲授新课	课件展示(板书余弦定理内容)	问题7:在课始我们说的千岛湖问题中,岛屿A和B的距离为多少? 千岛湖中岛屿A与B之间的距离可由余弦定理求得: $AB^2 = CA^2 + CB^2 - 2 \cdot CA \cdot CB \cdot \cos 120°$ $\therefore AB^2 = 36 + 16 + 24$ $AB = 2\sqrt{19}$ 故A,B间的距离为 $2\sqrt{19}$ km 接着让学生解出另外两个角,只解出余弦值即可,让学生体会用余弦定理解三角形的整个过程。 余弦定理是解三角形问题的一个重要定理,在实际生活中常常和我们后面要学习的正弦定理结合起来应用到三角模型中去,例如:测距离、求高度、求角度等。对这些感兴趣的同学可以在上大学选专业的时候选择测绘类、建筑类、航海类等相关专业。 四、归纳总结 教师带领学生归纳总结本节课内容,随后进行习题检测完成教材练习1—3题		
课堂小结	余弦定理	余弦定理 ── $a^2 = b^2 + c^2 - 2\lvert b\rvert\lvert c\rvert\cos A$ $b^2 = a^2 + c^2 - 2\lvert a\rvert\lvert c\rvert\cos B$ $c^2 = a^2 + b^2 - 2\lvert a\rvert\lvert b\rvert\cos C$ 余弦定理的推论 ── $\cos A = \dfrac{b^2 + c^2 - a^2}{2bc}$ $\cos B = \dfrac{a^2 + c^2 - b^2}{2ac}$ $\cos C = \dfrac{a^2 + b^2 - c^2}{2ab}$ 解三角形 ── 已知两边和一角解三角形 / 已知三边解三角形		
课后作业	1.完成《固学案》本节的内容。 2.完成课上探究作业,用向量坐标的方法证明余弦定理,比较三种证法,体会其思想方法			

板书设计	第 1 课时　余弦定理 1. 余弦定理：　　　　　　　　　　　　　例 1 步骤 $c^2 = a^2 + b^2 - 2ab\cos C$ $a^2 = b^2 + c^2 - 2bc\cos A$ $b^2 = a^2 + c^2 - 2ac\cos B$ 2. 余弦定理的推论：　　　　　　　　　　例 2 步骤 $\cos A = \dfrac{b^2 + c^2 - a^2}{2bc}$ $\cos B = \dfrac{a^2 + c^2 - b^2}{2ac}$ $\cos C = \dfrac{a^2 + b^2 - c^2}{2ab}$　　　　千岛湖问题步骤 3. 解三角形概念 4. 余弦定理解决的两类解三角形的问题
教学反思	针对本节课的教学，通过课堂实践及课后反馈，我也反思了不足之处：上课语速可以稍慢，尤其是重难点的地方，可以适当地提高音量，或稍作停顿，引起学生的注意。另外，要学会全方面调动学生，在分组讨论之后，最好多个小组回答一个问题，使学生的思维有对比性，兼顾所有学生的学习热情。新课程强调的全体参与，让每一个学生都"动"起来，并不是形式上的"动"，更应是思维上的参与。今后在这方面还应多研究，力争让每一个学生都有展示自己的机会。 同时，注重加强学生生涯规划的培养，激发学生生涯规划的意识，及早帮助学生设立专业目标，帮助学生制定行动方案，让学生从高中起就要有生涯规划的意识，一步一个脚印，脚踏实地地严格要求自己，不能做到最好但求做得更好。首先要求积极努力地学习，特别是对高中知识的学习，平时多读和自己喜好相关的专业书籍，进一步发展自己的业余爱好，这些都是学生现阶段必须做好的，也是实现规划的第一步，为自己的将来谋幸福，为社会做贡献

《不等关系》教学设计方案

安志超

课型	新授课	课题	不等关系	教材版本	人教版
年级	高一	课时	1 课时	授课教师	安志超
课程标准					

课程标准	1.通过本节课的学习,学生能进一步学习未来发展所必需的数学知识、基本技能、基本思想、基本活动经验。 2.能提高从数学角度发现和提出问题的能力、分析和解决问题的能力。 3.能提高学习数学的兴趣,增强学好数学的自信心,不断提高实践能力,认识数学的科学价值、应用价值和文化价值
教学目标	1.结合具体实例,感受现实世界和日常生活中存在着大量的不等关系,并能抽象出不等式。 2.通过较典型的问题,了解熟悉的数学模型的实际背景及其数学描述,培养学生用不等式或不等式组去解决问题的能力,提升学生数学建模素养。 3.让学生经历在实际生活中对不等式从感性认识提炼为理性认识的过程,感受不等式和生活(职业)的紧密联系和指导意义
教材分析	本节课选自必修一第二章第一节等式性质与不等式性质第一课时内容。教材从现实世界和日常生活存在的相等关系、不等关系讲起,类比用不等式表示相等关系,用问题1的4个例题说明如何用不等式或不等组表示实际问题或数学问题中蕴含的不等关系。与用等式表示相等关系类似,把不等关系"翻译"成不等式。教材在讲述知识内容的同时,也注意与爱国主义教育相结合,选取了第24届国际数学家大会的会标,会标是根据我国古代数学家赵爽的弦图设计的,让我们了解数学家对数学发展做出的贡献,感受数学家的精神
学情分析	学生在初中阶段已经学过简单的不等式,会比较两个实数的大小,并且具备了一定的抽象概括能力、数学建模能力和合情推理能力
生涯设计	1.随着新课程改革的深入,如何在教学中渗透生涯教育已逐渐成为高中教育的一个热点问题。根据数学学科的特点,我认为,数学学科的生涯教育渗透更偏向于隐性渗透,即在专业(职业)的工作过程中,培养学生的理性精神,做出合理思考和判断,进而让同学们对这些专业(职业)有更深的认识,增强生涯竞争力。 2.通过引导学生了解不同职业领域对数学的应用和需求,让学生明白数学对职业发展的重要性。让学生了解金融、工程、计算机等行业对数学的需求,同时引导学生思考自己的兴趣和优势,了解适合自己的职业道路,注重培养学生的创新思维和问题解决能力,因为这些能力对于职业生涯发展至关重要。通过提供有挑战性的数学问题和实际应用案例,激发学生的兴趣和动力,并培养他们解决问题和提出创新想法的能力

3.通过案例分析的方法,向学生介绍不同职业领域中数学的应用和作用。通过实际案例分析,向学生展示金融行业中的数学模型构建和分析、工程领域中的数据处理和建模技术等,以帮助学生了解数学在实际职业中的价值。

4.要根据学生的兴趣和特长,将数学与不同职业进行结合,让学生意识到数学在职业发展中的作用和重要性。要鼓励学生积极参与职业规划的探索和实践,提供适当的指导和支持。学生在学习知识的同时,也能初步了解和获得相应的职业信息,有利于学生及早明确自己的职业方向并选择相应的专业继续深造。从而避免了学生报考专业的盲目性,最大限度地发挥自己的才能。

5.本节课所学知识相应职业是计算机程序员、保险精算师、注册会计师、金融财经师、理财顾问,也可以是通信员、航天员等多种职业类型;同时,列出这些职业所需要的学历、知识水平及技能。这些职业与相应章节是密切相关的,是追随数学逻辑主线出现的。比如函数一章里的函数建模,经济学中就经常需要通过建立数学模型来解决经济生活中的一些决策性问题

重点难点	重点	用不等式(组)表示实际问题中的不等关系,初步会比较两个代数式的大小
	难点	用不等式或不等式组准确地表示出不等关系,以及作差法的应用

设计思路	由于"情景与问题"这一环节体现着数学学科核心素养,因此教学时可以从学生熟知的诸如"长与短""大与小""多与少""远与近"等的比较以及日常生活中经常遇到的问题下手,为学生提供较为丰富的实例,使学生认识到不等关系是客观存在的广泛的数量关系,进一步提升学生的数学抽象素养

教学方法	培养学生的自主学习、善于思考、发现问题的能力以及总结、归纳等数学思想方法

教学过程	手段	教师活动	学生活动	教学设计意图
导入新课	课件展示	问题一: (1)观察下面几幅图片,找一找其中隐藏了怎样的不等关系?(展示三组图像,分别是生活中和数学里的图) (2)请把这些不等关系转化为数学表达式	感受生活到处都有相等和不等的数量关系。思考:不等式的定义是什么?	从社会热点问题入手,创建情景,激发学生的学习兴趣,调动学生探讨问题的积极性
讲授新课	课件展示(投影仪、板书)	例1:如图所示,$y=f(x)$ 反映了某公司产品的销售收入 y 万元与销售量 x_1 的函数关系,$y=g(x)$ 反映了该公司产品的销售成本与销售量的函数关系。 (1)当销售量为多少时,该公司盈利(收入大于成本); (2)当销售量为多少时,该公司亏损(收入小于成本)? 解:(1)当销售量大于 a_1 时,即 $x>a$ 时,公司盈利,即 $f(x)>g(x)$。 (2)当销售量小于 a_1 时,即 $0 \leqslant x<a$,公司亏损,即 $f(x)<g(x)$	活动一:学生分组讨论例1中的不等式	通过小组合作讨论,培养学生合作沟通能力;通过模型构建,训练了学生科学思维,提高了学生归纳总结能力

| 讲授新课 | 课件展示（投影仪、板书） | 问题二:从以下信息中,你发现了哪些不等关系?
【新闻导入】2023年8月16日至18日,内蒙古举办2023年第三十三届内蒙古农业博览会,内蒙古位于我国北方腹地,气候条件适宜,土地肥沃,素有"天然大棚"之称。全区绿色、有机、地理标志农品总产量达900多万吨,绿色、有机产品面积和产量均居全国前列。多年来,内蒙古培育出一大批绿色食品知名品牌,国家名特优新农产品数量位居全国第一。据悉,本次博览会使用展位1774个,较去年增长10%;国内各省区市地区展览面积9.1万平方米,使用展位4850个,较去年增长15%。据统计,2023年重点邀请专业客商团组超过80个,人数也将超过10 000人。用不等号(<、>、≤、≥、≠)表示不等关系的式子叫不等式。(板书定义)

问题三:内蒙古农博会的举办,促使农产品在我国市场持续热销。假设你是本次农博会的参展商,你瞄准契机,和深圳某厂家合作生产了一批农用小电器。每个小电器成本价40元,售价50元时,可售出3000件。市场调研发现,每涨价1元就会少卖出20件。怎样用不等式表示总利润不少于40 000元呢?
问题四:你的农用小电器吸引了不少合作商家。客户老张发来订货需求,现有以下两种优惠方案:
方案一:每件按9折订货;
方案二:100件以内(含100件)按原价,超过100件部分打8折;
若电器的单价是50元,你会给客户哪种优惠?什么条件下给客户优惠方案一?并说明理由。
问题五:假如你与客户张先生达成了合作意向。为生产这批电器,你现在需要采购原材料。原材料每单位500元,若大批量购买(50单位以上,含50单位),则8折优惠。
(1)若购买 x 单位,请写出采购总价 y 和 x 的关系式。
(2)若购买45单位,总价是多少?
(3)你觉得这个总价实惠吗?你有什么发现? | 活动二:
通过时事新闻,小组讨论,相互交流,构建模型。思考讨论并总结出不等关系的理论基础。

活动三:
参照例题,小组合作对实际问题建模,激发学生的社会责任感,唤醒学生生涯意识。鼓励学生将来学习经济学专业,创造出更多的财富价值,造福社会 | 通过列举生活实例和数学中较常见的不等关系,让学生体会不等关系的普遍性,并用文字语言归纳出来,进而抽象成符号语言,并且引出不等式的概念。
引导学生使用一元二次不等式模型解决实际问题中的不等关系,同时通过选择不同变量的设法(可以设售价为 x,也可以设涨价为 x),让学生理解利用不等式解决实际问题的灵活性,同时在这个过程中实现生涯教育的隐形渗透。
通过两个方案的比较,将两种方案转化为函数表达式,提高学生分析数据及利用不等式进行决策的能力。问题五是引导学生深化对不等关系的理解,在问题四的基础上发现问题背景中的不等关系,从中体会运用不等关系解决问题的重要性以及提升学生的思辨能力 |

课堂小结	实际背景抽象 不等关系(文字)数学表示 不等式(符号)
课后作业	你的农用小电器生意红火,创下丰厚利润。为答谢客户,你决定派发纪念品。现有如下三种纪念品,它们的价值和重量分别为:A 是 5 元 30 g,B 是 10 元 40 g,C 是 20 元 50 g,欲将三种纪念品混装成礼包,要求每个礼包含有 10 个纪念品,礼包价值不超过 100 元,重量不超过 400 g。请列出其中的不等关系式
板书设计	2.1.1 不等关系与大小比较 新课引入　　　　　　　变式训练　　　　　课后作业 不等式定义　　　　　　生涯引导 例 1　　　　　　　　　课堂小结
教学反思	本节课作为第二章《一元二次函数、方程和不等式》的起始课,主旨在于体会现实生活中大量的不等关系,学生可以使用不等式(组)进行刻画,并且在其中体会不等式的重要性,提高使用不等式解决实际问题的意识,从而激发学生对学习"不等关系"的兴趣。教学中,通过教材寻找素材,结合学生实际情况,设定较为贴切的实际背景或数学背景,将对学生数学学习起到很好的促进作用。 此外,本节课将生涯规划教育隐性渗透在数学教学中,看似平淡无奇,其实蕴藏着重要的教育价值,生涯规划与学生未来发展息息相关,而在做好数学教学工作的同时,引入生涯思考,强调终身学习,这也是为实现立德树人、育人目标做贡献

《平面向量数量积的坐标表示》教学设计方案

隋开印

课型	新授课	课题	平面向量数量积的坐标表示	教材版本	人教版
年级	高二	课时	1课时	授课教师	隋开印
课程标准	普通高中数学课程标准(2017年版2020年修订)				
课标要求	向量基本定理及坐标表示 1.能用坐标表示平面向量的数量积,会表示两个平面向量的夹角。 2.能用坐标表示平面向量共线、垂直的条件				
教材分析	本节是高中数学人教A版必修二第六章第三节第五课时的内容。当完成向量的数量积的坐标表示后,由于平面向量数量积由向量的模长的夹角决定,所以向量的模、夹角也都可以与向量的坐标联系起来				
学情分析	在之前的学习中,学生们已经学习了平面向量的坐标表示和平面向量数量积的概念及运算。然而,数量积是通过模长和夹角共同决定的,这使得应用起来有些不方便。为了让学生更容易理解公式的推导,我们首先回顾了平面向量数量积的定义、性质、运算律、平面向量的坐标表示和线性运算,从而推导出平面向量数量积的坐标表示。有了平面向量的坐标表示及坐标运算的经验,学生们自然会考虑平面向量的数量积是否也可以用坐标表示的问题				
生涯设计	高中阶段的青少年正处在生涯发展阶段的探索期。在此阶段应积累生活经验,评估自我兴趣、能力和价值观,探索未来的工作方向。但升学压力使许多学生忽略了此阶段的任务,导致对未来迷茫。学科教师作为生涯教育的主要承担者,应承担唤醒学生生涯发展意识的重任,通过课堂教授知识的同时,让学生了解学科的魅力和价值、相关领域前沿发展和职业发展空间等,建立对学科的全方位认知,培养学习兴趣,唤醒生涯发展意识				
重点难点	重点	平面向量数量积的坐标表示及其运算			
	难点	运用向量坐标运算求解向量垂直、夹角等相关问题			
设计思路	从特殊到一般,从感性到理性,从具体到抽象				
教学方法	启发和探究教学相结合,自主练习与指导相结合				

教学过程	手段	教师活动	学生活动	教学设计意图
导入新课	课件展示	教师介绍以下的学习目标： 1.掌握数量积的坐标表示方法,并能根据坐标计算数量积。 2.能通过计算数量积判断两向量垂直。 3.能运用数量积坐标表示两个向量的夹角,会用数量积判断两个屏幕向量之间的垂直关系。 4.掌握向量的模公式,并能根据推导两点距离公式	学习提前做好预习,在教师再一次强调中,了解到本节课在重点内容	通过强调学习目标,更好地帮助学生,尤其是学有余力的学生了解到需要学习什么
讲授新课	课件展示	复习上一课时所学习的内容:使用向量表示向量的加法、减法、数乘运算,以及向量平行的对应坐标化表示。由此引入一个问题:我们之前学习的向量运算中,还有一个运算没有被坐标化表示,那就是内积,能否也可以使用内积坐标化表示?	跟随教师的节奏一起复习上次课堂的内容,温故知新,同时可以引入本节课的内容	引入本节课的内容
	公式推导	已知两个向量的坐标,类比上节课所学的用坐标表示向量的加法、减法和数乘运算,如何用坐标表示向量的数量积(内积)运算呢? 从向量坐标的定义出发,引导学生推导数量积运算的坐标表示。教师在适当的时间给出适当的提示,并给予一定程度的帮助	在教师的提示下,独立推导坐标表示向量的数量积(内积)运算	以学生为主体,生成新知识

	课件展示（板书）	在推导了向量的数量积的坐标化表示公式之后，教师表述了公式记忆口诀，随后督促学生记忆公式，并趁热打铁，完成一些例题： 例如：假如 $\vec{a}=(1,2)$，$\vec{b}=(1,-3)$。求 $(\vec{a}+\vec{b})\cdot\vec{a}=($ $)$ A.2 B.1 C.0 D.-1 教师可以根据情况选择其中的一部分题目，也可以更改数据反复计算，直到学生彻底掌握所学知识为止。在回答了此问题之后，教师可以引出问题：内积为 0 的两个向量有怎样的空间关系？为后续的学习做铺垫	在教师的帮助下完成例题、记忆公式	复习公式、巩固所学的内容
讲授新课	公式推导	数量积一共有三大应用：计算向量的模长、判断两向量是否垂直和计算向量的夹角。现在介绍向量的第一个应用：计算向量的模长，教师根据模长的定义和向量公式出发，引导学生推导向量模长的公式	在教师的提示下，独立推导公式	以学生为主体，生成新知识
	课件展示（板书）	教师以从易到难的顺序展示以下题目，可以强调部分题目为高考题目，旨在通过展示较为简单的题目，引导学生正确地完成，以提高学生学习的自信心。 1.已知向量 $\vec{a}=(3,4)$，则 $|\vec{a}|=($ $)$ A.3 B.4 C.5 D.6 2.2022 年全国乙卷·文）已知向量 $\vec{a}=(2,1)$，$\vec{b}=(-2,4)$，则 $|\vec{a}-\vec{b}|=($ $)$ A.2 B.3 C.4 D.5 同时，可以链接其他内容，模长公式同时也是两点距离公式，由于此内容为解析几何模块内容，只做简单介绍	在教师的帮助下完成例题、记忆公式	复习公式、巩固所学的内容

| 讲授新课 | 课件展示（板书） | 在之前的问题中提到了：假如$\vec{a}=(1,2)$,$\vec{b}=(1,-3)$。求$(\vec{a}+\vec{b})\cdot\vec{a}($　　$)$。
A.2　　B.1　　C.0　　D.-1
向量的数量积为0，那么两向量的位置关系垂直，那么可以得出向量垂直的充要条件，即两向量的数量积为0等价于两向量垂直，明确这一概念后，学生可以通过使用坐标手段计算数量积，从而判断向量的位置关系，根据此内容，趁热打铁，完成以下问题：
一、判断向量$\vec{a}=(2,1)$,$\vec{b}=(-2,4)$的位置关系：
二、已知$\vec{a}=(1,-1)$,$\vec{b}=(1,x)$。且$(2\vec{a}+\vec{b})\perp\vec{a}$,则$x=($　　$)$
A.3　　B.4　　C.5　　D.6
三、已知$\vec{a}(-2,1)$,$\vec{b}(2,1)$,且$(x\vec{a}+\vec{b})\perp\vec{b}$,则$x=($　　$)$
A.2　　B.1　　C.0　　D.2.5 | 跟随教师思考问题，并完成相应试题。巩固新活动的知识 | 完成知识迁移，利用本节课内容解决问题 |
| | 课件展示（板书） | 同时，根据数量积的定义，可以得到向量的夹角公式，根据夹角公式完成以下问题：
一、计算向量$\vec{a}=(1,\sqrt{3})$与$\vec{b}=(-2,2\sqrt{3})$的夹角为_____。
二、已知$\vec{a}=(1,2)$,$\vec{b}=(1,-1)$。$2\vec{a}+\vec{b}$与$\vec{a}-\vec{b}$的夹角为_____。
已知：$\vec{a}=(2,2)$,与$\vec{b}=(2,x)$的夹角是$45°$,则$x=$_____
教师根据学生的实际情况选取题目，可以选取先完成若干题目作为例题，也可以对吃力的学生进行单独指导 | 模仿向量位置关系与坐标关系的推导，进行向量的夹角公式的推导 | 完成知识迁移，利用本节课内容解决问题 |

	课件展示	1.两向量的夹角越接近于0,这两向量就越接近,越相似,可以通过这种方法计算两个向量是否相似。如果其他的内容,也有方法计算内容是否接近的方法吗? 展示某网站关于"向量"的文章,并指出该文章在网站中显示的相关推荐,那么引出问题:网站通过什么方法得到相关内容? 2.根据向量的坐标化的夹角公式,两向量的夹角越接近于0,这两个的向量越靠近	在教师的帮助下了解相关方向	希望通过教师的引导以及学生的活动体验,从不同的角度建构系统的生涯规划意识
讲授新课	课件展示（板书）、学生互动	具体方法如下: 短语 A:真的喜欢你 短语 B:真的真的真的喜欢你 第一步:提取关键词: 1.真的/喜欢你 2.真的/真的/真的/喜欢你 第二步:统计每篇文章中关键词出现的频率并写成向量的形式; 出现频率统计 / 真的 / 喜欢你 / 向量 短语 A:真的/喜欢你 / 1 / 1 / (1,1) 短语 B:真的/真的/喜欢你 / 3 / 1 / (3,1) 第三步计算向量夹角 θ 的余弦值: $$\cos\theta = \frac{\vec{a}\cdot\vec{b}}{|\vec{a}|\cdot|\vec{b}|} = \frac{1\times3+1\times1}{\sqrt{1^2+1^2}\cdot\sqrt{1^2+3^2}} = \frac{\sqrt{20}}{5} \approx$$ (本质上是向量夹角公式的变形) 结论:这两句短语有 89.5% 的相似度!	听讲	希望通过教师的引导以及学生的活动体验,从不同的角度建构系统的生涯规划意识
	课件展示（视频播放）	从中得出机器学习,并且展示两个成果: 1. AI 唱歌. mp4　　2. AI 作画. mp4 指出机器学习在诸多领域的成就,例如在大数据处理、人工智能和多媒体应用	在教师的帮助下了解相关方向	了解本节课内容在现实中的应用

讲授新课	课件展示	在展示了人工智能的成果后,教师可以展示人工智能的方向,例如,大数据处理方向涉及 APP 首页、最优化分析、教育和天气预报诸多领域;人工智能方向涉及军事、自然语言处理、制造业和语音识别等领域;多媒体应用方向涉及图片识别、自动捕捉、AI 绘图和声音生成等诸多领域。最后,接着展示待遇水平;展示想要从事此行业,都可以报考哪类专业,其对应的专业,哪些学校开设的此专业排名较高,各个院校有何特色	在教师的帮助下了解相关方向	了解本节课内容在现实中的应用
课后作业	P36 练习题、练习册对应题目			
教学反思	为了提高师生的重视程度和学习效果,学校还可以组织一些实践活动和模拟面试等环节,让学生亲身参与体验职业生涯的过程。通过这些措施的实施,可以有效地将生涯规划与学科教育紧密结合在一起,帮助学生更好地了解自己、规划未来,并为未来的职业发展做好充分准备			

《直线与平面平行的判定》教学设计方案

高艳红

课型	新授课	课题	直线与平面平行的判定	教材版本	人教版
年级	高一	课时	1课时	授课教师	高艳红
课程标准	本节课选自《普通高中课程标准数学教科书-必修二》(人教A版)第八章第5节第2课时的内容。本节内容是空间直线平面平行的判定,通过典型实例的观察与分析、直观感知、操作确认、思辨论证的立体几何研究的基本方法,归纳出直线与平面平行的判定定理,有利于学生提升直观想象、数学抽象、逻辑推理的核心素养的培养				
教学目标	1.通过直观感知,归纳出直线与平面平行的判定定理并理解掌握。 2.能够应用直线与平面平行的判定定理解决相关问题				
教材分析	本节课是在学习了直线与平面的位置关系,直线与平面平行定义的基础上,探究直线与平面平行的判定定理,直线与平面的平行关系是空间图形的基本位置关系,由直线与平面的平行可进一步掌握直线与直线平行。本节内容既是直线与直线平行关系的延续和提高,也是后续研究平面与平面平行的基础,既巩固了前面所学的内容,又为后面内容的学习做了知识上和方法上的准备,在教材中起着承前启后的作用				
学情分析	学生在前一节课程中已经学习了空间点、线、面之间的关系,对于空间直线与平面,平面与平面的位置关系有了一定的认识和理解,但在使用数学符号语言方面需要加强,在空间想象能力上需要进一步的拓展。学生空间想象能力相对薄弱,几何题解答书写不规范,需要加强练习				
生涯设计	为了明确学生的目标和方向,正确引导学生树立职业规划意识,明确个人职业目标,提高学生竞争力,选择符合自己兴趣和特长的专业和职业。根据自己的目标规划学业,以及参加社会活动等方面的发展,使职业规划理念深入同学们心中。引导同学们以科学的态度规划自己的职业生涯。积极面对即将面临的考验,从现在做起,让同学们赢在起跑线上				
重点难点	重点	直线与平面平行的判定定理			
	难点	应用直线与平面平行的判定定理解决问题			
设计思路	1.结合实际生活的实物抽象出线面位置关系。 2.理论结合实际层层深入。 3.学生参与讨论、探究。 4.例题讲解深化结论。 5.归纳总结				

教学方法	通过生活实例直观感知直线与平面平行的判定定理,进而抽象出空间模型中的线面平行到线线平行的转化过程,借助实验操作、问题引导、合作交流、自主学习、小组讨论抽象出定理,通过自主探究、小组展示完成定理的应用,从而实现本节课的教学目标			
教学过程	手段	教师活动	学生活动	教学设计意图
导入新课	课件展示	复习回顾,温故知新 1. 直线与平面的位置关系 2. 直线与平面平行的定义:直线与平面无公共点 线面无公共点⇒线面平行	1. 学生回顾,共同巩固所学知识 2. 同学们举手回答问题 3. 学生填写学案表格	通过复习以前所学,巩固上节课所学知识,引入本节新课
讲授新课	课件展示、实物操作	二、直观感知,探究定理 问题1:门扇的两边是平行的,当门扇绕着一边转动时,另一边与墙面有公共点吗? 这二者是什么关系?	通过直观感知,观察或新手操作感知,门扇边缘所在直线和墙所在平面的关系,从而猜想直线和平面平行的原因	通过探究,引入两个现实生活每位同学都会做到的事情,观察分析,直观感知,引出定理,提高学生分析问题、解决问题的能力。通过符号语言,进一步理解定理,提高学生分析问题及概括的能力。证明直线与平面平行,三个条件必须具备,简称:线在面外,线在面内,线线平行,才能得到线面平行的结论。体会数学非常重要的数学思想——转化思想,线面问题转化为线线问题,空间问题转化为平面问题
		问题2:将一本书平放在桌面上,翻动书的封面,观察封面边缘所在直线 AB 与桌面所在的平面具有怎样的位置关系?	学生实际操作,直观感知,猜想直线和平面的位置关系	
		问题3:如图1,平面 α 外的直线 a 平行于平面 α 内的直线 b (1)直线 a 和 b 共面吗? (2)直线 a 与平面 α 相交吗? (3)直线 a 与平面 α 具有怎样的位置关系? 图1	先让学生思考,然后小组合作探究,小组代表抢答每一个问题,并给出每种情况的原因,师生共同用反证法证明直线和平面平行,从而得到直线与平面平行的判定定理。并体会数学非常重要的思想——转化思想	

	课件展示	1. 归纳总结直线和平面平行的判定定理,并用文字语言、图形语言和符号语言表示 $\left.\begin{array}{l}a\not\subset\alpha\\b\subset\alpha\\a/\!/b\end{array}\right\}\Rightarrow a/\!/\alpha$ 2. 总结判定直线与平面平行的方法: (1)定义法:证明直线与平面无公共点; (2)判定定理:证明平面外直线与平面内直线平行	启发学生将立体几何的判定定理的文字语言转化为符号语言和图形语言。引导学生将直线与平面的判定定理转化为符号语言和图形语言,让同学们把定理的三种表达语言熟练掌握	通过思考与探究,让学生思考怎样利用线面平行转化为线线平行,提高学生分析问题、解决问题的能力。通过符号与图形表示定理,提高学生分析问题的能力
讲授新课	课件展示	辨析讨论,深化概念 1. 判断下列命题是否正确,若不正确,请用图形语言或模型加以表达 (1)直线 a 与平面 α 不平行,即 a 与平面 α 相交。( ) (2)若直线 a 在平面 α 外,则直线 $a/\!/$平面 α。( ) (3)直线 $a/\!/b$,直线 $b\subset$ 平面 α,则直线 $a/\!/$平面 α。( ) 2. 如图2,长方体 $ABCD-A_1B_1C_1D_1$ 中, (1)与 AB 平行的平面是_____; (2)与 AA_1 平行的平面是_____; (3)与 AD 平行的平面是_____ 图2	教师引导学生根据题意画出图形。教师适时点拨,进一步让学生说出证明思路,教师板书证明过程。学生读题尝试解决。在教师点拨下,学生总结利用定理证明直线与平面平行的一般步骤	通过例题讲解巩固了直线与平面平行的判定定理,提高学生解决问题的能力和概括问题的能力、空间想象的能力。通过练习巩固本节所学知识,通过学生解决问题的能力,感悟其中蕴含的数学思想,增强学生的应用意识。培养学生的规范习惯,通过不同解答的展示,培养学生的发散思维
		例题: 求证:空间四边形相邻两边中点的连线平行于经过另外两边所在的平面。 已知:空间四边形 $ABCD$ 中,E,F 分别是 AB,AD 的中点.求证:$EF/\!/$平面 BCD	教师引导学生总结解题反思	

		总结证明线面平行的一般步骤: _____ 题后反思: 反思1:_____ 反思2:_____ 反思3:_____	引导学生熟悉直线和平面平行的判定定理的应用,规范格式,注意概念细化	培养学生归纳总结的能力
		课堂练习 已知 $\triangle ABC$ 中,D,E 分别为 AC,AB 的中点,沿 DE 将 $\triangle ADE$ 折起,M 是 PB 的中点. 求证:$ME /\!/$ 平面 PCD	引导学生分析题目,寻找解题思路,如何添加辅助线,借助中点引出中位线,加强学生解几何题的能力,锻炼空间想象能力	课后练习是对本节知识的一个深化认识,同时也为下节内容做好铺垫。加强学生解几何题的能力,锻炼空间想象能力
课堂小结		1.证明直线与平面平行的方法: (1)利用定义:直线与平面没有公共点; (2)利用判定定理:线线平行⇒线面平行 2.数学思想方法:转化的思想,空间问题⇒平面问题 3.应用判定定理判定线面平行时应注意三个条件: (1)线在面外; (2)线在面内; (3)线线平行; 应用判定定理判定线面平行的关键是找(作)平行线 找(作)平行线的方法: 方法一:三角形的中位线定理; 方法二:利用线段成比例的关系; 方法三:平行四边形的平行关系	引导学生归纳总结本节课所学: 掌握定理内容 1.证明直线和平面平行的方法。 2.本节课的数学思想。 3.证明线线平行的方法	引领学生感悟数学认知的过程,体会数学核心素养

课后作业

作业:
1. 课本 139 页第 3 题做到课本上,第 2 题和第 4 题做到作业本上
2. 自主探究:
(1)如图 3,三棱柱 $ABC - A_1B_1C_1$ 中,M、N 分别是 BC 和 A_1B_1 的中点。
求证:$MN /\!/$ 平面 AA_1C_1C

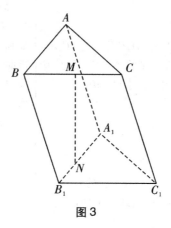

图 3

(2)如图 4,在长方体 $ABCD—A_1B_1C_1D_1$ 中,E 为 DD_1 的中点,试判断 BD_1 与平面 AEC 的位置关系,并证明。

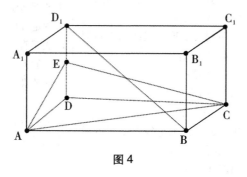

图 4

学生独立完成作业,巩固练习平面与平面平行的性质定理,同时预习下一节知识。课后练习是对本节知识的一个深化认识,同时也为下节内容做好铺垫。加强学生解几何题的能力,锻炼空间想象能力

板书设计	8.5.2 直线和平面平行的判定 一、复习:1.直线和平面的位置关系 2.直线和平面平行的定义 二、1.反证法: 已知:$a \not\subset \alpha, b \subset \alpha, a//b$ 求证:$a//\alpha$ 证明:假设 $a \cap \alpha = P$,则 $P \notin b$, 过 P 作直线 c,使 $b//c$,则 $a \cap c = P$, 由基本事实4,$a//c$ 这与 $a \cap c = p$ 矛盾, $\therefore$ 假设不成立 $\therefore a//\alpha$ 2.直线和平面平行的判定定理: $\left.\begin{array}{l} a \not\subset \alpha \\ b \subset \alpha \\ a//b \end{array}\right\} \Rightarrow a//\alpha$ 面外面内平行 三、小结
教学反思	1.加强培养学生空间想象能力,以及对未来的专业规划。 2.加强课堂小组合作探究的教学模式。 3.加强课后练习,巩固课堂所学新知。 4.注重章节综合练习、测试。 5.注重对学生生涯规划引导,向更适合自己的方向发展

《指数函数的概念》教学设计方案

吴志芬

课型	新授课	课题	指数函数的概念	教材版本	人教版
年级	高一	课时	1	授课教师	吴志芬
课程标准	本章以指数函数和对数函数为主,是第三章函数的概念和性质的延伸和具体应用。数学建模是对实际问题进行抽象,用数学的语言表达问题,用数学的方法构建数学模型解决问题。通过典型丰富的实际问题抽象出数量关系,由数量关系引导学生找出规律,进一步分析总结得出指数函数的定义,强调了指数函数概念的抽象概括,让学生体会数学来源于生活,丰富学生对数学的认识,提升数学建模素养				
教学目标	1.知识目标:通过对两个具体实例的分析,经历数学抽象的过程,了解指数函数刻画的变化规律的特征(指数增长和指数衰减),理解指数函数的概念。 2.能力目标:通过实例,学习用数学的思维思考现实问题,用数学的语言表达问题。 3.素质目标:通过实例引导学生关注社会时事,关心国家的经济发展,社会进步。结合自身的特长和不足确定生涯规划专业,激发学生的内驱力				
教材分析	从景区游客人次增长和放射性物体的逐年衰减等具体背景出发,发现指数增长和指数衰减的变化规律,通过对比找共有的特征,得到指数函数的一般式。用指数函数解决实际问题中,强调建立函数模型解决实际问题的步骤。通过本节课的学习,让学生了解指数函数模型的实际背景,体会学习指数函数是实际需要,以及建立一个函数的基本步骤,最后要学会运用函数问题去解决实际问题				
学情分析	指数函数的概念是在已经学习过函数的概念和基本性质,指数幂及其运算的基础上引入的,深化学生对函数概念的理解和认识,通过前面的学习,学生再接触指数函数还是比较容易接受的,另外从景区游客人次增长,日本排海放射性物体实际问题入手,都是学生比较感兴趣的话题,趁热打铁引导学生从实际问题入手推出指数函数,学生从实际问题中整理出数学模型的过程有一定的难度。理解指数函数中底数 a 的取值范围,让学生体会分情况讨论的数学思想				
生涯设计	一方面通过解决数学实际问题,让学生体验学习中遇到困难,要互相讨论交流,学会团结合作;另一个方面让学生提前了解大学专业的发展前景,考研趋势,专业对应的名校排名等,引导学生结合自身情况,为自己确立发展规划和方向,并教会学生如何规划自己的职业生涯。引导学生认清自我的职业倾向,树立自己的职业理想,提高学生的内驱力				

重点难点	重点	指数函数的概念及其应用		
	难点	实际问题转化为数学模型		
设计思路		创设情境→抽象概括→总结提升→指数函数的应用		
教学方法		通过短视频,图形和生活实例等,用观察、分析、归纳、自主探究的教学方法进行讲解		
教学过程	手段	教师活动	学生活动	教学设计意图
导入新课	课件展示(视频展示)	导入新课: 展示指数爆炸和指数衰减的视频,激发学生学习指数函数的兴趣。进一步引导学生思考生活中有哪些关于指数爆炸和指数衰减的实例	观看指数爆炸的故事视频,学生探讨交流列举出生活中关于指数爆炸和指数衰减的实例	创建情景,让学生知道数学源于生活,激发学生的学习兴趣,调动学生思考数学与生活的联系
讲授新课	课件展示(问题引入)	展示景区人次增长的实例,依次展示两个景区人次增长的表格和图像。引导学生对比它们的不同点	学生通过对比两个景区人次增长的表格和图像,得出 A 景区线性增长和 B 景区非线性增长	发展学生利用表格和图像获取信息的能力
	课件展示(寻找规律)	展示 B 景区的数据,通过数据解释增长率,引导学生发现相邻两年之间的增长率,得出 B 景区的函数模型	通过 B 景区的表格得出增长率的规律,进而鼓励学生用数学表达式逐步列出相邻两年的人次增长关系,通过规律总结得出 B 景区的函数模型	通过实际生活讨论,感知用函数解决实际问题的思想方法
	课件展示(类比学习)	展示日本排海的放射性物质衰减的实例,类比指数增长引导学生完成表格,从而让学生得出函数表达式	学生讨论完成表格,得出函数关系式,发现指数衰减和指数增长的异同	通过类比的思想,激发竞争意识唤醒学生主动学习,发现学习
	课件展示(提炼归纳)	利用上述两个实例的函数表达式发现有哪些相同的地方,引导学生用一个数学关系式涵盖上述两个式子	根据两个函数关系式的对比找相同,从而统一一个函数表达式,得出指数函数的初始模型	利用函数思想方法探究问题,培养学生观察、抽象、归纳的能力

	课件展示(教师板书)	引导学生对于 $y = a^x$ 这个函数解析式中 a 和 x 的取值范围分情况讨论,进而得到完善好的指数函数的概念	分情况谈论总结 a 和 x 取值范围,充分发挥学生讨论问题的积极性,通过讨论学生总结概括指数函数的概念	指数函数的特点是判断函数是否为指数函数的依据,也是易错点
讲授新课	课件展示(例题讲解、学生板书)	学完概念立刻出示对应习题,第一题设置成抢答环节,利用第二题找同学黑板板书进行强化练习,对同学的板书进行批改,最后第三题作为经典题型,与学生互动完成	抢答题环节激发学生学习的积极性,同学们快速说出答案,回答有问题的同学的错误点往往也是本节内容的易错点。第二题鼓励同学主动到黑板上板书书写过程,其余同学做到练习本上。第三题学生想到求解析式的方法是待定系数法	通过典例问题的分析,学生体验实际问题分析方法,及指数函数变化特点。培养分析问题与解决问题的能力
	课件展示、教师板书、提炼归纳	学有所用,结合景区门票与景区收入的关系解决实际问题。引导学生从数学的视角发现问题,解决问题,得到指数型函数的关系式	学生通过列出两个景区的函数解析式,通过老师展示图像发现问题,再鼓励学生分别用数学表达式和文字语言刻画两个景区收入的比较	培养学生用数学解决问题,锻炼学生表达能力
	课件展示、讨论交流	拓展:如果你是景区负责人如何提高景区收入,引导学生了解核污水处理的几种方式,让学生多关心时事政治	分享自己如果是景区负责人会有什么办法提高收入,探讨指数函数在哪些专业有所应用	生涯渗透;由指数函数的实际应用渗透到高考相关专业的介绍以及就业方向,名校介绍等
课堂小结	本节课学习了指数增长和指数衰减的概念,掌握指数函数的概念和特征			
课后作业	1.完成课本115页第1、2、3题。 2.查询资料了解日本核污水排海的几种方案			

板书设计	4.2.1 指数函数的概念 1.指数函数概念 $y = a^x (a > 0, 且\ a \neq 0)$ 2.指数函数的特征 3.指数增长:增长率为常数的变化方式 4.指数衰减:衰减率为常数的变化方式
教学反思	思所得:通过本节课的学习,激发了学生对数学课堂活动的热情,让同学们在数学课堂上发现数学源于生活,发现数学的重要性,作为教师要不断调动课堂气氛,激发学生学习的兴趣。辅导高中学生职业规划时,明确具体的学习计划和规划未来的发展方向。认清自己的兴趣,综合能力,专业选择等,明确短期规划,选择长期职业方向和目标的能力。 思所失:在解决实际应用问题时,需要给学生独立思考的时间,要给他们充分的时间,教师学会耐心等待,不应该过于着急,让学生充分了解更多的职业规划。 思所问:如何能在一节课的时间里激发学生更高的学习热情,让学生在乐中学。如何让学生能结合自身优点和不足认清自己的综合能力,明确适合自己的职业规划。 思所改:在今后的教学中注重引导学生发现知识之间的衔接点,强化学生在数学课上的目标意识、问题意识,寻找解决问题的分析意识等。辅导教师要多鼓励学生,及时指出学生学习和性格中的不足,帮助学生树立信心,让学生在实践中成长

《一元二次不等式的实际应用及其解法》教学设计方案

陈　晨

课型	新授课	课题	一元二次不等式的实际应用及其解法	教材版本	人教版
年级	高一	课时	1 课时	授课教师	陈晨
课程标准	通过列不等式解决实际应用问题,进一步体会代数中方程的思想方法,提升数学抽象和数学运算素养				
教学目标	1.应用一元二次不等式解决实际问题的方法。 2.在实际问题中抽象出不等关系,利用不等式解决实际问题,提高学生分析问题、解决问题的能力。 3.体会数学建模的思想				
教材分析	《一元二次不等式的实际应用及其解法》是数学人教 A 版必修一第一册 2.3.1 的内容,一元二次不等式在生产生活中应用广泛,是高中数学阶段重要的组成部分,本节课主要讨论一元二次不等式在解简单实际问题时的应用				
学情分析	学生数学建模的能力差距较大,学生在上一节对一元二次不等式有所了解,但在解决一个没有见过的较复杂的不等式实际应用问题,找到不等关系,抽象出一元二次不等式是对学生的一种挑战				
生涯设计	数学作为基础学科与许多专业息息相关。本节课所学习的设计类问题和统计类问题,应用一元二次不等式的解法,可以更好解决问题。从实际问题引入帮助学生认识自己的兴趣,了解设计类专业和统计类专业的发展方向以及一些热门院校,让学生发掘自身潜能更加清楚地明确自己的发展方向				
重点难点	重点	能够在实际应用中抽象出一元二次不等式的数学模型并解决问题			
	难点	学生能够应用一元二次不等式找到等量关系、解决实际问题			
设计思路	首先从学生感兴趣的实际问题引入,引导学生自主探究一元二次不等式的实际生活问题。体会一元二次不等式在现实之中的应用,感受数学来源于生活,让学生在学习数学专业知识的同时,对设计类专业和统计类专业有所了解,帮助学生积累社会经验				

教学方法	以学生为主体,采用多种形式让学生思想探究、小组合作,极大提高学生的学习兴趣。教师尝试指导和在学生自主学习的基础上,培养学生之间合作交流、互相帮助、共同探究的能力			
教学过程	手段	教师活动	学生活动	教学设计意图
导入新课	课件展示	利用一元二次不等式可以解决一些实际问题 一、设计类问题:园艺师要在绿地上设计一个矩形的景观园林美化环境,矩形的周长是 120 m,围成的矩形景观区域的面积要大于 500 m²,则这个矩形的边长为多少米? 解:设这个矩形的一条边长为 x m,则另一条边长为 $(60-x)$ m,由题意得 $(60-x)x>500$,其中 $x \in \{x \mid 0<x<60\}$.整理得 $x^2-60x+500<0$, $x \in \{x \mid 10<x<50\}$. 巩固训练1.有如图所示的两种广告牌,其中图(1)是由两个等腰直角三角形构成的,图(2)是一个矩形,从图形上看,这两个广告牌面积的大小关系为_____,并将这种大小关系用含字母 a,b 的不等式表示出来为_____。 (1) (2)	在生活背景中建立数学模型,用数学抽象的思维方式解决问题。 学生类比、探究、总结规律。抽象出一元二次不等式的模型	用贴近学生生活的实例,激起学生积极探讨问题的兴趣,也为职业生涯规划做好渗透。 设计问题的出现,让学生体会数学建模的思想的同时,提升学生对设计类专业的兴趣
讲授新课	课件展示(投影仪、板书)	二、统计问题:某车辆制造厂引进了一条节能车整车装配流水线,这条流水线生产的节能车数量 x(辆) 与创造的价值 y(元) 之间有如下的关系: $y = -2x^2 + 220x$,若这家工厂希望在一个星期利用这条流水线创收 6000 元以上,在这周内大约需要生产多少辆节能车? 解:设在一周内大约生产 x 辆节能车根据题意, $-2x^2+220x>6000$ $x \in \{x \mid 50<x<60\}$。 所以当这条流水线 x 只能取整数值时,在一周内生产的节能车数量在 51～59 辆之间时,能够获利 6000 元以上。	认真审题分析出,题目中各个量之间的关系,构造出合理的一元二次不等式模型	统计类问题让学生进一步了解到所学的内容可以解决人们在生产生活中的实际问题,加深学生对一元二次不等式不同问题的掌握

讲授新课	课件展示(投影仪、板书)	巩固训练2.某产品的总成本 y 万元与产量 x 台之间的函数关系式是 $y = 3000 + 20x - 0.1x^2 (0 < x < 240)$ 若每台产品的售价为25万元,则生产者不亏本(销售收入不小于总成本)时的最低产量为多少台? $y - 25x = -0.1x^2 - 5x + 3000 \leq 0$, 解得 $x \geq 150$ 或 $x \leq -200$(舍去)。 从实际问题中抽象出一元二次不等式模型的步骤: (1)认真分析题目,弄清题目中哪些是已知量和未知量,找准不等关系。 (2)设出关键未知量,列出不等式(或表示成函数关系的等式)。 (3)求解不等式(或求函数最值)。 (4)认真检验,回答实际问题。 三、含有参数的一元二次不等式方程的解法 解关于 x 的不等式 $x^2-ax-2a^2<0(a \in \mathbf{R})$。 原不等式转化为 $(x-2a)(x+a)<0$,一元二次方程的根为 $x_1 = 2a, x_2 = -a$。 当 $2a>-a$,即 $a>0$ 时,解集为 $\{x \mid -a<x<2a\}$; 当 $2a=-a$,即 $a=0$ 时,化简得为 $x^2<0$,无解; 当 $2a<-a$,即 $a<0$ 时,解集为 $\{x \mid 2a<x<-a\}$。 职业生涯学科渗透: 应用一元二次方程的解法,可以更好地解决各种现实问题。例如设计类问题、统计类问题 设计类专业主要包括: 1.非艺术类考生报考的专业:建筑学、城乡规划学、风景园林学、工业设计、环境设计、数字媒体设计等热门院校 2.艺术类考生报考的热门专业:平面设计、服装设计、广告设计、戏剧美术设计等 热门院校:清华大学、江南大学、同济大学 统计类专业主要包括:会计与统计核算专业、统计专业、信息统计与分析、保险精算、应用统计学、数据分析、市场调查、经济分析、大数据管理与应用专业、信息科学技术专业等。 热门院校:中国人民大学、北京大学、厦门大学	跟踪训练应用新知解决问题。 学生小组合作并利用多媒体演示。 学生认真研究、总结方法,得到一元二次不等式模型的步骤。 学生自己动手求解;小组讨论后选出代表板书解题过程,并积极发言展示成果。 从数学的角度分析社会现象,体会数学在现实中的作用。 要全面了解自己,在探索新知的同时,根据自己的兴趣,明确自己的目标	让学生按小组讨论、交流、合作避免学生走弯路。 反复练习实际应用问题,增强了学生举一反三、融会贯通的解题技能。 运用将现实问题结合实际情况转化成数学问题。从而突破本节课的难点,让学生学会数学建模的同时体会学习数学的乐趣。 此题难度不大,可以让学生熟悉求解含参数的一元二次不等式的方程。激发学生的求知欲望,增加自信心,调动学生的积极性。 通过本节课的学习。进一步感受一元二次不等式在实际生活中的作用,可以培养学生的职业兴趣。让学生根据自己的兴趣爱好增强学习的能动性。帮助学生寻找个人兴趣爱好和知识学识之间的共振点,为将来的职业发展奠定基础

课堂小结	解一元二次不等式应用题的关键是能构造出合理的一元二次不等式的数学模型,找出未知量 x,根据题意,列出不等关系再求解。 解含参数的一元二次不等式,与解一般的一元二次不等式的基本思路是一致的,但要注意分类讨论思想的运用
课后作业	课本 57 页 1 题,58 页 7 题、9 题
板书设计	一元二次方程的实际应用 解一元二次不等式实际应用问题的步骤: 读　见　解　答　　　　　　　　　　设计类问题、统计类问题 解含参数的一元二次不等式 注意:分类讨论
教学反思	本节课主要学习了应用一元二次不等式解决实际问题的方法,基本上是以学生熟悉的现实生活为问题的背景。让学生从具体的问题进入一元二次不等式,让学生体会数学在现实中的作用,在实际问题中抽象出不等关系,提高学生分析问题、解决问题的能力。帮助学生挖掘潜能,让学生感受数学来源于生活,服务于生活,为职业生涯规划做好学科渗透

《独立性检验的基本思想及初步应用》教学设计方案

刘艳飞

课型	新授课	课题	独立性检验的基本思想及初步应用	教材版本	人教版
年级	高二	课时	第2课时	授课教师	刘艳飞
教学目标	1.能够对分类变量进行简单的数据处理,并运用2×2列联表、等高条形图直观判断两个分类变量是否有关系,了解独立性检验的基本思想、方法及初步应用。 2.学生通过数据统计、分析和计算过程,从具体实例中学会用样本来估计总体的统计思想,总结得到独立性检验的基本原理和基本步骤。 3.学生通过身边的实例,培养从生活中发现数学问题、解决数学问题的能力及抽象概括、数学建模、数据分析等数学素养,激发学生学习数学的兴趣,培养学生探索的科学精神				
教材分析	本节课是高中数学人教A版选修2-3第三章统计案例的第二节独立性检验的基本思想及初步应用的第二课时。本节是在掌握了分类变量的概念,学会了用列联表和等高条形图直观判断两个分类变量是否有关系之后进行教学的。教学中,教师要把重点放在独立性检验的统计学原理上。使学生掌握独立性检验的基本步骤,体会独立性检验的基本思想。对于独立性检验的统计思想的理解是一个难点。独立性检验的思想来源于统计学中的假设检验思想,与反证法类似,教学中可以把假设检验的方法与反证法作对比,以利于学生的理解				
学情分析	学生是在掌握了初中数学的统计知识以及数学必修三中的统计知识和独立性检验的第一课时进行学习。在知识的储备上,学生已经初步了解分类变量的概念,以及能将数据整理为2×2列联表的形式、能够利用Excel软件得出等高条形图,所以学生对本课时知识容易接受,但独立性检验的统计思想、卡方公式及临界值的确定,对学生来说比较难理解				
生涯设计	在高中教材中涉及了概率统计内容,初步让学生有了数据的收集、处理、分析的思想。结合当今的大数据相关知识学习的兴起,在高中阶段利用概率统计知识的学习,可以培养学生对于概率统计学习的兴趣,为将来进入大学阶段学习大数据,与数据收集、处理、分析相关专业的学习进行学业引领,并为学生以后从事相关职业打下思想基础,做好职业导向				

重点难点	重点	理解独立性检验的基本思想及实施步骤		
	难点	1. 了解独立性检验的基本思想。 2. 了解随机变量的含义。 3. 独立性检验背后的理论依据		
教学方法	采用观察、分析、归纳、抽象、概括,自主探究,合作交流的教学方法,通过各种教学媒体,调动学生参与课堂教学的主动性和积极性			

教学过程	手段	教师活动	学生活动	教学设计意图
导入新课	调查问卷、Excel统计分析报告	1. 将全班学生按照每组6~7人分成6个小组,每个小组分别调查高三理科班1~6班的男女生跑步情况。 2. 联系计算机机房,安排到机房上课。 3. 课前预习教材,并了解Excel的操作方法。 4. 设计统计分析报告	全班学生分成6个小组,每组选出一个组长	为新课学习做好课前准备
讲授新课	课件展示(投影仪、板书)	复习回顾 引出新课 为了顺应国家大力提倡的全民健身运动,了解高三学生是否在紧张的复习备考之余能够自主锻炼身体,自主跑步,特对高三理科1~6班进行跑步情况调查。共调查了223名学生,其中女生103人,男生120人,得到原始数据,并将数据整理为2×2列联表的形式。 **高三理科班学生跑步情况统计表** |	女生	男生	总计 | |---|---|---|---| | 跑步 | 43 | 80 | 123 | | 不跑步 | 60 | 40 | 100 | | 总计 | 103 | 120 | 223 | 等高条形图: 	先让学生小组之间合作完成下面表格中数据统计,教师巡视指导,并与学生交流统计数据的方法,用Excel软件演示等高条形图	引导学生回顾上节课关于分类变量、列联表和等高条形图的知识,让学生掌握用定性的方法来初步判断两个分类变量是否有关系

讲授新课	课件展示（板书）	问题1：由跑步选择与性别的列联表和等高条形图能否得出高三理科班学生跑步与性别有关？ 分析：从上面2×2列联表，可以计算男生中有80/120≈66.7%的人跑步，女生中有43/103≈41.7%的人跑步。由此可以看出，男生跑步的比例与女生跑步的比例有比较大的差异，故"高三理科班学生跑步与性别有关"，由等高条形图也可以观察得出相同的结论。 问题2：上述判断是否可靠呢？你有多大的把握认为"高三理科班学生跑步与性别有关"？ 学生独立思考，然后小组合作交流，发现这两种方法只能大概地判断"高三理科班学生跑步与性别有关"，却不能具体说明可靠程度有多大	学生思考，教师适时点拨，最终小组推选一人作答	通过复习回顾，使学生进一步掌握如何根据列联表、等高条形图来判断两个分类变量是否有关系，并了解两种方法的局限性，充分认识独立性检验的必要性，创设悬念，激发学生求知欲
		发现新知，问题引领 我们采取更一般化的处理方法，把表格中的数字用字母代替，得到两个分类变量的2×2列联表： **2×2列联表** |	女生	男生	总计
---	---	---	---
跑步	a	b	$a+b$
不跑步	c	d	$c+d$
总计	$a+c$	$b+d$	n | 问题3：如何利用列联表中的数据定量地刻画"两个分类变量有关系"的可靠程度呢？ 学生合作讨论从正面分析，很难得出"有关系"时数据应该满足的条件，此时教师及时引导学生回顾相互独立事件概率计算模型，类比反证法思想。 假设 H_0：高三理科班学生跑步与性别无关	学生在教师的引领下积极思考，小组内进行交流	通过对实例的分析和层层设问，为引入和理解独立性检验的基本思想做好铺垫

| 讲授新课 | 课件展示（板书） | 如果"高三理科班学生跑步与性别无关"，就可以认为"高三理科班学生跑步"与"性别"是两个独立的事件，下面我们就从独立事件的概率进行分析。
设 A 表示事件"高三理科班女生"，B 表示事件"高三理科班学生跑步"，AB 表示"高三理科班女生跑步"。

问题4：若"高三理科班学生跑步与性别无关"，A、B 事件的概率应该满足什么条件？
用样本频率估计概率，计算 $P(AB)$ 与 $P(A)$，$P(B)$，由于样本的随机性，提出当 $P(AB)$ 与 $P(A)P(B)$ 越接近，A 与 B 独立的可能性就越大，即"高三理科班学生跑步与性别有关"的可能性就越小。
在列联表中，a 恰好为事件 AB 发生的频数；$a+b$ 和 $a+c$ 恰好分别为事件 A 和事件 B 发生的频数。因为频率近似于概率，所以在 H_0 成立的条件下应该有 $\frac{a+b}{n} \times \frac{a+c}{n} \approx \frac{a}{n}$，其中 $n=a+b+c+d$，即 $(a+b+c+d)a \approx (a+b)(a+c)$，$ad-bc \approx 0$。
因此 $\lvert ad-bc \rvert$ 越小，说明高三理科班学生跑步与性别的关系越弱，$\lvert ad-bc \rvert$ 越大，说明高三理科班学生跑步与性别的关系越强。由此统计学家构造了一个随机变量 $K^2 = \frac{n(ad-bc)^2}{(a+b)(a+c)(b+d)(c+d)}$，其中 $n=a+b+c+d$ 为样本容量。
由于不同样本中 K^2 的观测值不同，我们统一将实际问题中 K^2 的观测值用 k 表示。同时得出，在 H_0 成立的情况下，有如下结果：

教师讲解临界值表中相应数据的意义并说明如何运用，要求学生计算本节课实例的 K^2 观察值 $k \approx 13.915$ | 学生在教师的引领下积极思考，小组内进行交流。
学生小组合作计算出 K^2 的观察值 k。
学生在教师的引领下积极思考，小组内进行交流。
学生以小组为单位进行总结归纳 | 学生进行自主探究，得出 H_0 成立时 $ad \approx bc$。提高学生分析解决问题的能力，且为随机变量 K^2 的引入奠定基础。
通过这个问题，使学生理解小概率事件的含义，为学生接下来总结独立性检验的基本思想做铺垫。
使学生通过思考、交流，总结出独立性检验的基本思想及基本步骤，加深学生对独立性检验基本思想的理解，同时明确独立性检验的基本步骤 |

$P(K^2 \geqslant K_0)$	0.50	0.10	0.05	0.010	0.001
K_0	0.455	2.706	3.841	6.635	10.528

讲授新课	课件展示（板书）	问题5:能否在犯错误的概率不超过0.010的前提下认为高三理科班学生跑步与性别有关? 学生分析得出,犯错的概率0.010所对应的临界值 k_0 为 6.635, K^2 的观察值 $k \approx$ 13.915,大于6.635,所以可以在犯错误的概率不超过0.010的前提下认为"高三理科班学生跑步与性别有关"。 以上利用随机变量 K^2 来判断"两个分类变量有关系"的方法称为独立性检验(test of independence) 问题6:归纳总结一下独立性检验的一般步骤: (1)确定容许推断"两个分类变量有关系"犯错误概率的上界 α,及相应临界值 k_0。 (2)计算 K^2 的观测值 k。 (3)如果 $k \geq k_0$,就认为假设"两个分类变量之间无关系"不成立,推断"两个分类变量之间有关系",推断错误的概率不超过 α,否则就没有足够证据否定"两个分类变量无关"的原假设,即在犯错误的概率不超过 α 的前提下不能认为"两个分类变量有关系"		
课堂小结	通过本节课的学习,谈谈你的收获。 1.2×2 列联表、等高条形图、独立性检验。 2.收集、分析、处理数据的能力。 3.大学专业中大数据管理与应用以及应用统计学的概况			

课后作业	假如你是一位教育研究工作者,正在进行一项调查研究,针对目前高中学生学业负担重,学习压力大的情况,了解高中学生参加运动的现状,为相关部门制定教育政策提供依据。现在你到了一所学校,请学校配合这项研究,现设计了一个统计分析报告,统计该体育运动的选择与性别的有关数据,得出列联表和等高条形图,并判断能否在犯错误概率不超过 0.05 的前提下认为该体育运动与性别有关? 完成统计分析报告。 统计分析报告 _____年_____月_____日_____组 课题　_____运动与性别的关系

统计分析报告

		女生	男生	合计
数据整理 （画出列联表）	选择_____运动			
	没有选择_____运动			
	合计			
等高条形图				
计算 K^2 的观测值				
结论				

板书设计	独立性检验的基本思想及其初步应用 1. 2×2 列联表 2. 等高条形图 3. 临界值表 $$K^2 = \frac{n(ad-bc)^2}{(a+b)(a+c)(b+d)(c+d)}$$ 4. 独立性检验 5. 专业一:大数据管理与应用 　专业二:应用统计学
教学反思	本节课从学生日常生活熟悉的实例引入,教学环节贴近学生生活实际,符合学生的认知水平,能够充分调动学生的学习积极性,增强了课堂参与意识。本节课基本达到了预定的教学目标,教学效果良好。 在生涯规划部分,首先,学生感受到了数学作为一门工具学科的重要性以及在生产、生活的广泛应用;其次,对于数据的收集、处理、分析的简单学习,是学科知识到专业学习再到职业规划的"奇点",总会有一个时刻爆发成为学生心目中的"全宇宙",为学生以后从事相关行业埋下一个伏笔;最后,大数据管理与应用和应用统计学的介绍,让学生初步了解高中概率、统计知识在大学学习中是怎么延展的,以后会从事什么样的工作,以及设置这两个专业的大学都有哪些,评价如何等。这样全方面、立体的介绍既解决了学生心中对于专业、职业知识的渴求,又增加本节课的实用效果,符合国家对于"教育要面向现代化,面向世界,面向未来"的要求

《统计案例：公司员工的肥胖情况统计分析》教学设计方案

潘春雨

课型	新授课	课题	统计案例	教材版本	人教版
年级	高一	课时	1课时	授课教师	潘春雨
课程标准	统计案例的学习,可以帮助学生进一步学习数据收集和整理的方法,感悟在实际生活中进行科学决策的必要性和可能性;体会统计思维与确定性思维的差异				
教学目标	1.通过具体案例掌握统计解决问题的过程。 2.在解决实际问题过程中培养数据分析素养。 3.通过统计的过程让学生了解统计学,激发学生探索统计学的欲望				
教材分析	公司员工的肥胖情况调查分析,通过一个完整案例让学生经历统计学解决问题的过程,了解背景知识、数据来源和要解决的问题,设计解决问题的思路,给出统计分析结果的解释				
学情分析	1.学生已经学习完随机抽样和用样本估计总体,从实际出发,通过抽象思维,建立数学模型,进而认知数学理论,应用于实际的过程。 2.统计分析报告是本节课学生的认知难点				
生涯设计	统计学是通过搜索、整理、分析数据等手段,对所测目标进行分析,并对分析结果做出解释,达到推断所统计对象的目的,它的使用范围非常广泛。就业方向主要是企事业单位和经济管理部门从事调查、统计、信息管理、数量分析等开发、应用和管理工作。统计学人才的社会需求量大,专业性比较强,因此这方面人才无法被替代,目前学习统计学的人比较少,所以统计学的就业前景非常好。本节课通过对具体案例的分析,让学生对统计学有个初步的了解,如果学生对这种收集数据、分析数据、解释数据的工作感兴趣,学生就会去深入了解这个专业				
重点难点	重点	体会统计方法的必要性和合理性,对统计案例进行初步分析			
	难点	设计解决问题的思路,给出统计分析结果的解释			
设计思路	1.了解数据分析的作用。 2.了解统计分析报告的主要组成部分。 3.选择合适的图表描述和表达实际问题的样本数据。 4.提出解决问题的方案。 5.经历数据分析的全过程,对统计学有深刻的印象,激发探索这门科学的欲望				

教学方法	多媒体			
教学过程	手段	教师活动	学生活动	教学设计意图
导入新课	课件展示	1. 统计学的含义 统计学是通过收集数据和分析数据来认识未知现象的一门科学,它可以为人们制定决策提供依据。 2. 数据分析 收集数据、整理数据、分析数据、进行推断、获得结论	积极思考回答问题	回顾统计学的含义以及如何进行数据分析
讲授新课	课件展示(板书)	一、统计背景:阅读教材 220 页 二、任务与要求 根据教材提供的数据,写一份该公司员工肥胖情况的统计分析报告. 要求: 1. 选择合适的图表展示数据; 2. 比较男、女员工在肥胖状况上的差异; 3. 分析公司员工胖瘦程度的整体情况; 4. 提出控制体重的建议。 三、数据分析: 1. 将上述样本数据用频率分布直方图进行统计 男员工BMI值的频率分布直方图 (1) 女员工BMI值的频率分布直方图 (2)	阅读材料,整理数据,分析数据。绘制频率分布直方图,计算样本的均值、中位数、方差并给出数据分析	理论联系实际,无论是抽样还是统计,都是来源于生活的实际问题,让学生体会数学来源于生活

讲授新课	课件展示(投影仪、板书)	由图可以看出，男、女员工的BMI值大部分都在正常范围之内，男员工的BMI值绝大部分落在区间(15.65，25.65)中，数据较集中，大于25.85的较少，女员工的BMI值绝大部分落在区间(13.75，25.75)中，后面呈阶梯式下降，总的来说，男员工的BMI值要比女员工的BMI值大一些，男、女员工的频率分布直方图都不对称，都是右偏的，即男、女员工中都有偏胖的。 相对来看，男员工比女员工偏胖程度更明显，且更稳定。 2.根据样本数据的集中和离散程度来估计该公司员工胖瘦程度的整体情况： 男员工的中位数21.6，平均数为22.2，方差为3.8； 女员工的中位数19.65，平均数为20.7，方差为4.1。 可以看出，男员工的BMI值的中位数和平均数都比女员工的大，但都在正常值范围之内。男员工的BMI值变化范围比女员工的变化范围大，这是由某个极端值引起的，男员工的BMI值的最大值为35.3，已经达到了重度肥胖的标准。从标准差上看，男员工的整体的分散程度比女员工的略小。 四、提出问题： 如何根据男员工、女员工的平均数和方差，计算总样本的平均数和方差？进而，估计该公司员工的总体的平均数和方差。 用 $\bar{z}$、s^2 表示总体的平均数和方差，$\bar{x}_男$、$s^2_男$ 表示男员工的平均数和方差，$\bar{x}_女$、$s^2_女$ 表示女员工的平均数和方差。类比教材213页例6，可知： 总体的平均数：$\bar{z} = \dfrac{90\bar{x}_男 + 50\bar{x}_女}{140} \approx 21.6$ 总体的方差： $$s^2 = \dfrac{90[s^2_男 + (\bar{x}_男 - \bar{z})^2] + 50[s^2_女 + (\bar{x}_女 - \bar{z})^2]}{140}$$ ≈ 15.8 所以标准差：$s \approx 3.97$ 则 $[z - 2s, z + 2s] \approx [13.69, 29.63]$	根据数据分析结果，可以得出一些结论例如： 1.公司员工的肥胖比例较高，需引起重视。 2.肥胖员工在不同性别和年龄段中分布不均，需针对不同群体采取相应的管理措施。 3.员工的肥胖状况与饮食、运动等因素有关，需从这些方面入手制定减肥方案。 基于以上结论，提出建议	通过小组合作让学生学会运用计算工具来处理数据，使用统计软件做统计图表、计算样本平均数、样本方差等特征值。 让学生体会统计可以用不同的图表反应样本的数字特征，体会统计结果呈现的多样性，提高学生的学习兴趣。 让学生体会统计源于生活，和生活息息相关，统计的意义在于对数据进行分析，对结果做出解释，并对决策提供依据。 让学生了解统计学的专业分类以及就业前景，为学生的职业规划提供指导方向

讲授新课	课件展示(板书)	五、撰写分析报告: 标题 (小组成员:) 前言:(目的、方法、背景) 主体:(情况—成果—问题—建议) 结尾:(概括、总结) 生涯规划引导: 统计学专业分为三个大专业方向: 1.数理统计:对统计学的基本理论和方法进行研究;由于计算机的应用,推动了数理统计在理论研究和应用方面不断地向纵深发展,并产生一些新的分支和边缘性的新学科,如最优设计和非参数统计推断等。当前,数理统计的应用范围愈来愈广泛,已渗透到许多科学领域,应用到国民经济各个部门,成为科学研究不可缺少的工具。 推荐大学:上海交通大学、东北师范大学、西安交通大学、吉林大学。 2.经济统计:提供科学的调查、搜集经济信息,以及描述、分析经济数据并对社会经济运行过程进行预测、监督的一门科学。 经济统计学本科专业的就业方向主要为综合经济管理部门、政府统计部门、经济和社会研究部门、金融机构、工商企业、数据分析机构、市场调查机构等。 推荐大学:中南财经政法大学、中南大学、山西财经大学、哈尔滨工业大学。 3.应用统计:调查、收集观察对象的数据信息,并通过描述统计等技术,分析观察对象的特征,发现事物的规律,进行预测、监督,以实现社会经济良性运行。 应用统计学专业的就业前景是非常好的,该专业就业方向主要到企业、事业单位和经济、管理部门从事统计调查、统计信息管理、数量分析等开发、应用和管理工作,或在科研、教育部门从事研究和教学工作。 推荐大学:武汉大学、吉林大学、复旦大学、山东大学		

课堂小结	1. 了解背景知识、数据来源和要解决的问题。 2. 设计解决问题的思路。 3. 给出统计分析结果的解释。 4. 了解统计学,探索统计学的发展
课后作业	请调查你所在年级同学每周使用手机时间情况,并撰写一份调查分析报告
板书设计	任务要求: 1. 选择合适的图表展示数据。 2. 比较男、女员工在肥胖状况上的差异。 3. 分析公司员工胖瘦程度的整体情况。 4. 提出控制体重的建议
教学反思	本节课借助具体的统计案例,学生通过整理、分析,描述数据,推测出所研究问题的本质。在提出问题、分析问题、解决问题的过程中,学生交互应用近似估计与准确运算,获得对实际问题的估计,并提出预测建议的合理方案,最终形成研究性报告。数学建模的思想、统计分析的方法、撰写规范的研究报告这些将内化为学生的终生科研能力,受益一生

《获取数据的途径》教学设计方案

李文杰

课型	新授课	课题	获取数据的途径	教材版本	人教版
年级	高一	课时	1 课时	授课教师	李文杰
课程标准	结合具体的问题和实际背景的限制,选取适当的获取数据的方法引入学生对职业生涯的定位				
教学目标	本节课利用实际问题情境让学生感知仅仅通过简单随机抽样获取数据是远远不够的,在实际生活中,要结合具体的问题和实际背景的限制,选取适当的获取数据的方法,如调查、实验、观察、查询等获取数据的方法				
教材分析	统计学是通过收集数据和分析数据来认识未知现象的,因此如何收集数据,像统计报表和年鉴、社会调查、普查和抽样、互联网、试验设计等都是常见的。本节课主要围绕四种获取数据的途径展开,要求学生学会根据实际情况选择合适的途径				
学情分析	1.目前高中学生较少接受职业生涯规划教育,很多学生在面临职业生涯重要选择的时候(比如高中文理分科、高考志愿填报等),认识不够,准备不足。选择职业方向,确定未来的生活道路,是高中时期学生生活中的一个重要任务。 2.高中生有一定的自我认知意识,对自己的性格、兴趣有了一定的了解,也是最有理想抱负的时候,学习职业生涯规划课,能帮助他们认识现实,了解当前的就业状况,进一步实现自己的理想				
生涯设计	1.培养高中学生树立职业生涯规划意识。 2.增强高中学生对自我的认识,并结合职业生涯规划原则,在教师的引导下尝试初步建立职业生涯规划				
重点难点	重点	获取数据的途径,引入学生树立职业生涯规划意识			
	难点	结合具体的问题和实际背景的限制,选取适当的获取数据的方法引入学生对职业生涯的定位			
设计思路	从数学学科出发引导学生树立职业生涯规划的意识				
教学方法	以学生为主体,小组为单位,采用诱思探究式教学,精讲多练				

教学过程	手段	教师活动	学生活动	教学设计意图
导入新课	课件展示	一、情景导入 在统计调查中,获取数据的途径多种多样,通过生活习惯,总结一下,常见获取数据的途径。 二、预习课本,引入新课 阅读课本第186—187页,思考并完成以下问题: 1.获取数据的一些基本途径都有哪些? 2.这些途径的适用范围各是什么?注意事项是什么?	让学生自由发言,教师不做判断,而是引导学生进一步观察、研探	从具体的问题和实际背景入手,创建情景,激发学生的学习兴趣,调动学生探讨问题的积极性
讲授新课	课件展示(板书)	一、新知探究 1.获取数据的途径 统计学是通过收集数据和分析数据来认识未知现象的,因此如何收集数据,像统计报表和年鉴、社会调查、普查和抽样、互联网、试验设计等都是常见的。 2.通过调查获取数据 适用范围:对于有限总体问题,一般通过抽样调查或普查的方法获取数据。 注意事项:充分有效地利用背景信息选择或创建更好的抽样方法,并有效避免抽样过程中的人为错误。 3.通过试验获取数据 适用范围:没有现存的数据可以查询,就需要通过对比试验的方法去获取样本观测数据。 注意事项:严格控制试验环境,通过精心的设计安排试验,以提高数据质量,为获得好的分析结果奠定基础。 4.通过观察获取数据 适用范围:自然现象。 注意事项:需要专业测量设备获取观测数据。 5.通过查询获得数据 适用范围:二手数据。 注意事项:数据来历和渠道多样,因为质量会参差不齐,必须根据问题背景知识"清洗"数据,去伪存真	要求:学生独立完成,以小组为单位,组内可商量,最终选出代表回答问题	通过调查数据直接切入主题,旨在吸引学生学习兴趣,并让学生明白职业生涯规划的重要性,为下面的环节做铺垫

| 讲授新课 | 课件展示（板书） | 二、典例分析、举一反三

题型一　获取数据的途径
例1:下列哪些数据一般是通过试验获取的（　　）。
A.2019年石家庄市的降雨量
B.2019年新生儿人口数量
C.某学校高三年级同学的高考成绩
D.某种特效中成药的配方
解题技巧
选择获取数据的途径主要是根据所要研究问题的类型,以及获取数据的难易程度,有的数据可以有多种获取途径,有的数据只能通过一种途径获取,选择合适的方法和途径能够更好地提高数据的可靠性。
跟踪训练一
1.要得到某乡镇的贫困人口数据,应采取的方法是（　　）。
A.通过调查获取数据
B.通过试验获取数据
C.通过观察获取数据
D.通过查询获得数据
题型二　获取数据途径的方法的设计
例2:请从国家统计局网站上查找我国水资源及其使用情况的一些数据,根据数据谈谈当前保护水资源的重要性。
解题技巧:（统计活动的注意事项）
在统计活动中,尤其是大型的统计活动,为避免一些外界因素的干扰,通常需要确定调查的对象、调查的方法与策略,需要精心设计前期的准备工作和收集数据的方法,然后对数据进行分析,得出统计推断。
跟踪训练二
1.为了缓解城市的交通拥堵情况,某市准备出台限制私家车的政策,为此要进行民意调查,某个调查小组调查了一些拥有私家车的市民,你认为这样的调查结果能很好地反映该市市民的意愿吗? | 任务一:结合自己实际,理解进行职业规划的必要性。

任务二:思考数学对自己未来的职业有什么影响。

任务三:思考怎样进行职业生涯规划? 认识自己,了解自己 | 引导学生体会学好数学的重要性和必要性。
引导学生结合职业生涯规划原则,尝试初步建立职业生涯规。
通过教师指导语,学生在冥想中畅想人生,于此折射出其兴趣、性格以及职业选择的价值观。
引导学生思考制定职业生涯规划时应考虑的问题,以免盲目规划 |

| 讲授新课 | 课件展示（板书） | 三、生涯引导
(一)为什么要进行职业规划?
展示:哈佛大学的目标调查
这个案例给我们最大的感触:成功人士之所以成功,多半是因为他们有意识地规划了他们的人生。只有提早合理规划自己的人生,确立目标,然后有计划地前进,这样我们才能成功。俗语说:"人无远虑,必有近忧。""凡事预则立,不预则废。"
(二)学好数学,对你以后职业的影响
1.常见的数学专业分类:
纯数学、应用数学、计算数学、统计学、运筹学、金融数学、计算机科学、统计物理学等。
2.数学专业就业方向:
(1)当教师,数学与应用数学专业毕业生可以到小学,中学或大学当教师,在师范类专业中,数学专业是比较容易就业的专业,许多学校招数学教师人数比较多。
(2)当IT职员,数学与应用数学专业属于基础专业,是其他相关专业的"母专业"。该专业的毕业生如欲"转行"进入科研数据分析、软件开发、三维动画制作等职业,具备先天的优势,许多数学与应用数学专业的毕业生毕业后就从事IT行业。
(3)做企业管理,虽然是数学专业毕业,但也有一部分毕业生可以进入到企业从事管理工作,但工作要求比较高,竞争比较激烈。
(三)怎样进行职业生涯规划:
(1)择己所利。选择适当更有利于个人今后的发展。
(2)择世所需。择世所需,说的是社会需求的不断演变,旧的需求消失,新的需求产生,特别是现在这个高速发展的社会,人们的需求、社会的需求无时无刻不在发生着改变。
小结:其实,专业的发展并不是一成不变的,所谓的热门专业随着社会需求和行业发展的变化,也可能发生变化。因此,希望学生在选择自己今后的专业时,不能仅仅看是不是"热门",一味地跟风。还要考虑到很多因素,尤其是个人的兴趣和这个专业的发展路径,理性地选择自己的专业 | | |

课堂小结	让学生总结本节课所学主要知识及解题技巧
课后作业	课本第187页练习,第188页习题9.1的剩余题。 我的规划: 1.未来我想从事的职业。 2.实现这一目标可能的途径。 3.实现这一目标的步骤及方法
板书设计	9.1.3 获取数据的途径 获取数据的途径　　　　　例1　　　例2 1.为什么要进行职业规划? 2.学好数学,对你以后职业的影响 3.怎样进行职业生涯规划: (1)择己所利。 (2)择世所需
教学反思	学生基本了解四种获取数据的途径,但在设计统计活动中,一些设计前期的准备工作和收集数据的方法,还有些欠缺,有待提升。 本节课通过具体的实际例子引入让学生对自己的职业规划有所了解,并从为什么要进行职业规划、学数学对未来职业的影响及怎样进行规划等几个方面帮助学生对选择职业方向、确定未来的生活道路有一个清晰的了解

生涯规划在高中物理教学中的引领

《卫星的发射与发展》教学设计方案

杨 哲

课型	新授课	课题	卫星的发射与发展	教材版本	人教版
年级	高一	课时	1课时	授课教师	杨 哲
课程标准	1.理解并能求解卫星发射的最小速度。 2.引导学生形成科学的价值观				
教学目标	1.了解人造地球卫星的最初构想。 2.会解决涉及人造地球卫星运动的较简单的问题。 3.知道三个宇宙速度的含义和数值,会推导第一宇宙速度。 4.感受人类对客观世界不断探究的精神和情感				
教材分析	本节属于航天部分的重要知识,介绍万有引力的实践性成就,要求学生知道是万有引力理论使人类实现"飞天"梦想;重点理解第一宇宙速度。引导学生学习科学献身精神				
学情分析	通过学习,大部分学生已经掌握如何计算万有引力,对卫星发射和探索宇宙奥秘有浓厚兴趣。但是学生在建立运动模型、动脑分析深层次问题方面还不够积极主动,表述时还缺少逻辑性和严谨性,认识问题容易表面化				
生涯设计	通过让学生了解卫星的发射和运行,尝试利用所学的知识分析卫星运动的简单问题。激发学生探索未知事物的兴趣,唤醒学生的生涯意识,树立为我国航天事业发展而努力奋斗的信念				
重点难点	重点	第一宇宙速度的推导和理解			
	难点	激发学生探索未知的欲望、激发学生的爱国热情、民族自豪感			
设计思路	通过人类对宇宙的向往及如今飞天梦想实现来引出课题。再引领学生通过观察、思考、推理,分析物体的受力与运动,建立卫星绕地球的"匀速圆周运动"模型。引出第一宇宙速度,第二宇宙速度和第三宇宙速度概念。最后引导学生了解卫星的发展和我国航天事业取得的伟大成就,激发学生的民族自豪感,树立为我国航天事业发展做出贡献的信念				
教学方法	讲授、启发探究式教学、多媒体辅助教学				

教学过程	手段	教师活动	学生活动	教学设计意图
导入新课	课件展示（图片）	嫦娥奔月、万户飞天、人类登月、火星探测，从人类对宇宙的向往及如今飞天梦想实现来引出课题	观看图片，感受宇宙之美，产生探索宇宙、掌握卫星运动规律的兴趣	激发学生的学习兴趣，感受自然和谐之美，感受人类实现梦想的自豪感
讲授新课	课件展示（板书）	活动一：卫星的发射 1.牛顿对人造卫星的设想 由生活经验得到结论：物体平抛的初速度越大，被扔得越远。 图片，牛顿设想：站在高山，以更大的速度将物体抛出，物体的轨迹在地面的投影为地球的一段圆弧，速度越大，对应的圆弧越大，速度大于某一值时，物体应该绕地球表面飞行，不落向地面。 问题1：你知道这个速度有多大吗？	观察、思考、推理，从物体的受力与运动分析，建立绕地球的"匀速圆周运动"模型	培养学生对常见现象深入思考的能力，培养分析物理问题，建立物理模型的意识
		2.第一宇宙速度的计算与含义 问题2：你能计算出使物体不再下落，恰好绕着地球飞行的最小发射速度吗？ 鼓励学生用不同的方法计算最小的发射速度	建立匀速圆周运动模型，利用合外力等于向心力列方程进行求解；从万有引力与重力的关系思考：如何求出最小发射速度；总结第一宇宙速度的计算方法	促使学生在新情境中进一步理解匀速圆周运动的特点，学习建立模型，并利用不同的思路解题，培养学生的发散思维
		3.第二、三宇宙速度 问题3：如果发射速度大于7.9 km/s，卫星会如何运动？ 引导学生：从力与运动的关系去思考问题。并说明实际的运动轨迹要通过更严谨的数学推算得出。 动画展示：卫星以不同发射速度发射时的运动情况	(1)做出猜想，尝试画出物体可能的运动轨迹，并尝试说明绘制的依据。 (2)思考，交流，倾听。形成思维碰撞，通过教师的引导，学生间的相互补充，尝试用圆周运动中力的供需关系解释卫星运动的轨迹。了解第二宇宙速度和第三宇宙速度的含义	引导学生学会深入思考书中的结论，提升学生思维的深刻性，激发学生的探究欲望，并通过讨论进一步加深对力和运动关系的认识。通过动画形象生动地表现三个宇宙速度下物体的运动，让学生加深印象

讲授新课	课件展示(图片展示、板书)	活动二:人造地球卫星与航天 1.人造地球卫星发展史 图片1:介绍第一颗人造卫星发射成功 图片2:介绍人类首次进入太空 图片3:介绍人类登月成功 图片4:介绍中国第一颗人造卫星发射 图片5:介绍中国载人航天工程 图片6:介绍天文一号火星探测器和中国空间站 图片7:介绍中国航天之父——钱学森 我国航天事业的现状、成就和前景 载人航天领域:发射神舟载人系列飞船和建设中国空间站等。 深空探测领域:成功实现月球探测、火星探测和近地小行星探测等多个任务。 卫星应用领域:卫星导航、卫星通信和卫星遥感系统遥遥领先	了解人造地球卫星的发展史。了解中国航天的发展史。了解我国航天事业的成就和前景	激发学生的民族自豪感,客观认识我国与发达国家在航天事业上的差距,树立为我国航天事业发展做出贡献的信念
		活动三:拓展训练 1.发射人造卫星是将卫星以一定的速度送入预定轨道,发射场一般选择在尽可能靠近赤道的地方,这样选址的优点是: A.地球的引力较大 B.地球自转线速度较大 C.重力加速度较大 D.地球自转角速度较大 2.设"嫦娥一号"卫星的轨道是圆形的,且贴近月球表面。已知月球的质量约为地球质量的1/81,月球的半径约为地球半径的1/4,地球上的第一宇宙速度约为7.9 km/s,则该探月卫星绕月运行的速率约为_____	(1)结合所学知识,思考人造卫星发射的合适选址。 (2)结合所学知识,计算"嫦娥一号"卫星绕月飞行的大概速度	通过思考计算,使学生意识到物理学科与我国的科技发展息息相关。 唤醒学生的生涯意识

讲授新课	课件展示（板书）	活动四:航空航天专业的就业前景及大学介绍。 1.就业岗位:工程设计、产品研发、技术开发、生产制造、航空航天管理等。 2.大学介绍:哈尔滨工业大学、北京航空航天大学、西北工业大学、南京航空航天大学、中国民航大学等	了解航空航天专业就业前景及相关大学	提升学生社会责任感,唤醒生涯意识。鼓励学生将来学习航空航天相关专业,为国争光
课堂小结	卫星的发射速度不能小于第一宇宙速度,求解第一宇宙速度时先建立匀速圆周运动模型,从万有引力或重力提供向心力的角度思考求解第一宇宙速度。目前我国的航天事业发展已经取得巨大成就,但是与发达国家比较还存在差距。希望同学们努力学习,成为一名优秀的航天工作者,为祖国的航天事业发展做出贡献				
课后作业	1.完成课本课后习题。 2.阅读教材中"科学漫步"和"STS"部分,感悟航天事业如何改变人类的生活				
板书设计	一、卫星的发射 1.第一宇宙速度:$v_1 = 7.9$ km/s(环绕速度) 2.第二宇宙速度:$v_2 = 11.2$ km/s(脱离速度) 3.第三宇宙速度:$v_3 = 16.7$ km/s(逃逸速度) 二、人造地球卫星与航天 三、航空航天专业与生涯规划				
教学反思	本节课以学生为中心,通过问题链的思考讨论,帮助学生创设出牛顿设想的情境,引导学生建立卫星绕地球做圆周运动的模型,由学生自己推导出第一宇宙速度的公式,计算出具体数值,并且分享计算过程的心得体会、注意事项,再引导学生建立第二和第三宇宙速度的概念。介绍了卫星发展史和中国航天事业的发展情况,引领学生了解近些年中国探月工程、载人工程的伟大成就,激发学生探索宇宙的热情,增强学生的民族自豪感和自信心,唤醒学生生涯意识,树立为祖国的航天事业发展做出贡献的信念				

《核聚变》教学设计方案

尤淑艳

课型	新授课	课题	核聚变	教材版本	人教版
年级	高二	课时	1课时	授课教师	尤淑艳
课程标准	知道聚变反应的特点并关注受控聚变反应研究的进展,认识受控聚变反应作为一种新型能源的优点及其可利用前景。通过核能的利用,思考科学技术与社会的关系				
教学目标	1.物理观念:知道聚变反应的特点和条件、了解受控热核反应的发展。2.科学思维:通过阅读课本,培养学生归纳总结及提出问题的能力。3.科学态度与责任:通过学习科学家事迹、了解我国在磁约束方面所做贡献等内容,激发学生学习物理兴趣,增强学生的立志投身科学的勇气,从而影响学生未来职业规划				
教材分析	本节课出自人教版选修3-5第十九章第七节,位于核裂变之后的一节内容。通过本节课的学习,可以进一步加深对质量与能量转换的认识,让学生了解前沿高端科技				
学情分析	本节课是在学生已经学习了核裂变反应、爱因斯坦质能方程的基础上,进一步学习人类可以获得核能的另外一种方式——核聚变反应。此外,高二学生已具备一定独立思考问题、自主探究能力,并对未知事物有较强的探究欲望				
生涯设计	指导学生对自身优势学科加深认识、对未来想从事的职业有初步了解,初步提升学生的生涯规划能力				
重点难点	重点	核聚变反应的特点			
	难点	核聚变反应的条件			
设计思路	从社会热点问题入手,引出课题,通过小组合作交流方式突破本节课重难点。沿着科学家及科技发展的足迹,对学生进行爱国主义教育的同时,初步渗透并指导学生的职业规划				
教学方法	分组讨论、多媒体演示、讲授法、查阅资料法				

教学过程	手段	教师活动	学生活动	教学设计意图
导入新课	课件展示(视频播放)	播放日本排放核污水视频,提出问题:目前,人类对核能的利用,如核电站等主要是利用核裂变方式获得能量,但是一旦引发事故,导致放射性物质泄漏,对人类和环境将会造成严重损害。此次日本排放核污水对人类的影响不可小觑,那么人类对核能利用,还有其他更安全的方式吗?	对大自然产生更多的敬畏心理的同时,思考获得核能的方式还有什么	从社会热点问题入手,创建情景,引发学生思考,调动学生探讨问题的积极性

		活动一:指导学生阅读文本,提出问题:什么是核聚变反应? 反应方程式是什么? 在这个核反应中释放 17.6 Mev 能量,平均每个核子释放的能量比裂变反应中每个核子释放的能量大 3~4 倍,原因是什么?	任务一:阅读课文,回答问题,写出核聚变反应方程式,小组交流讨论,从质量亏损角度思考问题	通过小组合作讨论,培养学生合作沟通能力和归纳总结能力
讲授新课	课件展示(教科书、视频、板书)	活动二:指导学生继续阅读文本,提出问题:要使轻核发生聚变,需要达到的条件是什么? 尝试从微观和宏观两个角度回答。 活动三: 1.课件展示氢弹原理结构图,提出问题:氢弹爆炸的原理是什么? 2.播放视频:1967 年我国第一颗氢弹爆炸成功。课前安排学生查阅相关背景资料	任务二:阅读课本相应内容,小组交流讨论。 任务三:学生小组内交流,分享展示我国第一颗爆炸相关资料,介绍为我国氢弹事业做出巨大贡献的科学家于敏、钱三强、何慧泽等的事迹	鼓励学生学习科学家们不畏困难、刻苦钻研、爱国奉献的精神,对学生进行爱国主义教育,有利于学生形成正确的世界观、价值观
		活动四: 1.指导学生阅读文本,进一步提出问题:聚变反应的优点有哪些? 目前受控热核反应的困难在哪里? 如何解决? 2.课件展示环流器结构,并给学生简要介绍托克马克装置。课前安排学生查阅近年我国在磁约束方面所做贡献及主要研究成果	任务四:小组交流并展示分享:我国在"人造太阳"项目发展史及取得的前沿突破	通过了解我国在研究聚变方面取得的科技进步,培养学生的民族自豪感、自信心。为学生生涯规划指导做铺垫
		活动五:课件展示搜索中国知网近三年核聚变的应用,中文文献 190 篇,总结论文涉及的专业领域。并以物理学科关系紧密的"物理学"专业为例,介绍其下二级学科"等离子体物理"专业、与之相对应的大学及该专业就业前景	促使学生体会各学科之间的联系,同时唤醒学生的职业生涯意识	初步提高学生职业生涯规划能力,以此来帮助学生将来更好地选课、选专业和职业,鼓励学生将来学习等离子体物理专业,为人类造福

课堂小结	本节课主要研究： 1.核聚变反应的特点和条件。 2.通过分享为我国氢弹事业做出贡献科学家的光辉事迹,对学生进行爱国主义教育。 3.了解我国受控热核研究的成果及其光明前景,结合本节课内容对学生生涯规划做指导
课后作业	1.请同学们课后复习本节课所学内容,完成课本第90页问题与练习1~3题。 2.查阅资料,论述在地球上实现受控热核反应的必要性、可能性及其发展前景,要求300字左右
板书设计	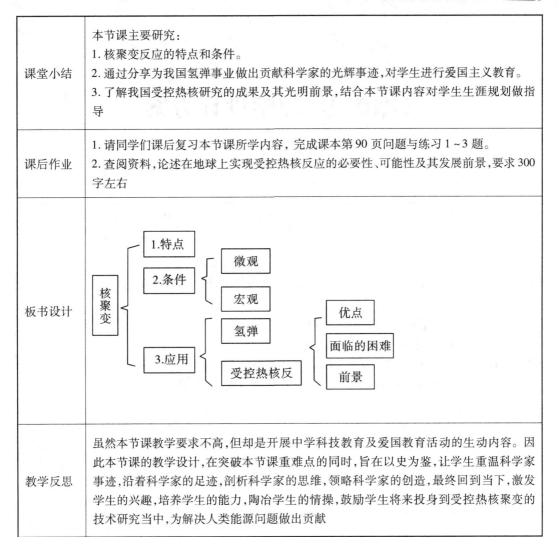
教学反思	虽然本节课教学要求不高,但却是开展中学科技教育及爱国教育活动的生动内容。因此本节课的教学设计,在突破本节课重难点的同时,旨在以史为鉴,让学生重温科学家事迹,沿着科学家的足迹,剖析科学家的思维,领略科学家的创造,最终回到当下,激发学生的兴趣,培养学生的能力,陶冶学生的情操,鼓励学生将来投身到受控热核聚变的技术研究当中,为解决人类能源问题做出贡献

《摩擦力》教学设计方案

李文玲

课型	新授课	课题	摩擦力	教材版本	人教版
年级	高一	课时	1 课时	授课教师	李文玲
课程标准	1.通过事例或实验来了解摩擦力,认识力的作用效果。 2.经历科学探究过程,具有初步的科学探究能力,积极参加与科学技术有关的活动,有运用研究方法的意识				
教学目标	1.知道摩擦力产生的条件,会判断摩擦力的方向。 2.根据物体的平衡条件计算静摩擦力的大小。 3.能运用滑动摩擦力公式来计算滑动摩擦力的大小。 4.知道生产和生活中增大摩擦和减小摩擦的实例,有将物理知识应用于生产和生活的意识				
教材分析	本节课是人教版2019必修一第三章第二节的内容。教学中要力图从两种摩擦力的区别与联系出发,让学生从摩擦力产生的条件、影响摩擦力大小的因素、范围及其计算来理解两种摩擦力的异同,通过探究实验去加深巩固。在通过实验得出摩擦力的有关知识后,注重引导学生运用所学的知识去分析解释大量生活生产中的摩擦现象,并能运用这些知识解决实际生活中遇到的问题				
学情分析	学生在初中已经初步学习过有关摩擦的相关知识具有一定实验探究能力,掌握了基本的物理研究方法,但本校学生对物理问题探究思维严重缺乏,动手能力不足,且在日常生活中积累了一些有关摩擦力的错误感性认识,在高中教学中要进一步帮助学生深化对摩擦力的理解。为此,在这节课的教学中要精心设计实验,通过形象直观的实验教学帮助学生突破难点,培养学生科学思维、科学探究的能力				
生涯设计	由汽车运动赛事,引发学生思考比赛过程中,赛车哪些方面利用了摩擦力和防止摩擦力带来危害的问题,通过逐步探究出摩擦力的分类、方向、大小及其影响因素等有关知识,学生能解释为什么F1赛车最终获得胜利,体会到科技发展的力量,激发学生参与科技前沿、科学探索的强烈欲望,同时也意识到科学技术是不断进步的,中国的汽车工业和体育产业都离不开科学技术,鼓励学生努力学习,根据所学摩擦力的相关知识,激发学生将来利用所学知识投身到国家的科技发展中,持续推动汽车、船舶、航空航天等技术不断进步,刺激技术革新				

重点难点	重点	1.摩擦力产生的条件以及摩擦力方向的判断。 2.摩擦力大小的计算		
	难点	正确理解最大静摩擦力的概念		
设计思路		从学生喜欢的体育竞技——汽车运动赛事引入新课,经过教师一系列问题引领,引导学生探究出本节有关知识点,通过对汽车运动赛事的一些思考激发学生利用所学知识,投身到科技创新领域,为国造福,从而达到本节生涯规划渗透课的目的		
教学方法		演示法、实验法、归纳法、对比法		
教学过程	手段	教师活动	学生活动	教学设计意图
导入新课	课件展示(播放视频,提出问题)	任务一同学观察并思考赛车比赛: 问题1:为什么各国都支持汽车比赛? 问题2:赛车车身构造及材料有什么要求? 问题3:宽而大的轮胎起什么作用? 问题4:从技术层面讲,赛车不仅要获得更高的时速,还要考虑最重要的哪些安全问题? 引出: 摩擦力是赛车安全性能的一个重要指标!	学生认真观察汽车比赛运动,获得感性认识	从各国汽车比赛运动入手,创建情景,使学生理解到物理就在身边,培养学生用物理观念看待和思考生活中熟悉的现象,发展科学思维
讲授新课	认识摩擦力	任务二体验活动: 让学生感受手之间的摩擦力,在两个手由相对静止到相对滑动的过程中,让学生建立相对运动和相对运动趋势的概念。 结论:两个相互接触的物体,当它们发生相对运动或具有相对运动趋势时,就在接触面上产生阻碍相对运动或相对运动趋势的力,这种力叫作摩擦力	静摩擦力、滑动摩擦力的定义	初步体验,激发学生学习兴趣和求知欲;通过生活中的实际问题,启发学生的思考力,增加学生的学习兴趣
	设置三个场景对比分析	任务三通过几个场景的分析,让学生以小组的形式,总结出摩擦力产生的条件。 【场景一】两手接触滑动与分开一段距离滑动。 【场景二】手按黑板擦擦黑板与让黑板擦在板面上自由下落。 【场景三】将黑板擦放在水平木板上,将木板一端稍微抬高时黑板擦静止,再继续抬高木板时黑板擦下滑。 得出摩擦力产生的条件: 1.两物体相互接触且有挤压。 2.接触面不光滑(粗糙)。 3.两物体间有相对运动趋势或发生相对运动	学生跟随老师的分析,深刻思考,总结摩擦力产生的条件	以师生互动的方式培养学生的观察能力和语言表达能力。通过学生对实例的分析,让学生初步了解摩擦力,总结摩擦力产生的条件,为下面的探究做基础

	课件展示（播放视频）	任务四学生观察视频并思考： 问题5：赛车是如何同周围空气相互作用的？ 问题6：视频中赛车为什么会出现"点头"情况呢？ 问题7：摩擦力跟哪些影响因素有关呢？ 通过以上三个问题引出猜想滑动摩擦力的影响因素，根据有效影响因素选择实验器材，设计实验，从而得出结论	猜想影响摩擦力大小的因素	发散学生思维，摩擦力的大小可能与速度、横截面积、重力、压力、接触面的粗糙程度等有关，为探究实验做好铺垫
	演示实验	任务五通过推毛刷实验，让学生更直观的感受这种"运动趋势"和"运动"。 通过毛刷弯曲的方向让学生明白摩擦力对相对运动趋势以及相对运动的阻碍作用，最终确定静摩擦力和滑动摩擦力的方向	经过推毛刷感受"运动趋势"和"运动"，进行对比学习	在体验和比较分析中提炼和总结，培养学生对科学的求知欲，使学生乐于探索日常生活中的物理学道理
讲授新课	课件展示	【建立模型】静摩擦力：将推刷子的过程简化成人推箱子的模型，通过对箱子简单的受力分析，利用二力平衡引导学生分析出静摩擦力的大小。 箱子从静止到相对滑动——说明静摩擦力存在最大值，从而提出最大静摩擦力的概念。列举手握瓶子，让学生区别静摩擦力与最大静摩擦力，并分析最大静摩擦力可能与哪些因素有关。 结论：静摩擦力的大小随推力的增大而增大 $F_f=F$。 当人的水平推力增大到某一值 F_{max} 时候，物体就要滑动，此时静摩擦力达到最大值，我们把 F_{max} 叫最大静摩擦力； 两物体间的静摩擦力 F_f 在 0 与最大静摩擦力 F_{max} 之间，即 $0<F_f\leq F_{max}$。 【实验探究】滑动摩擦力：探究同一接触面上滑动摩擦力的大小与压力的关系。 实验器材：棉布、木块、已知质量的砝码、铁架台、弹簧秤 实验要求：以木块为研究对象。 (1)研究其与木板面间的滑动摩擦力的大小。 (2)研究其与棉布粗糙面间的滑动摩擦力的大小。 (3)研究其上放一砝码后与棉布粗糙面间的滑动摩擦力的大小	学生动手参与实验，得出结论。 师生一起对问题进行初步的评价和筛选，确定合理的问题进行探究，设计出实验方案并进行实验探究。 结论：滑动摩擦力的大小跟压力成正比。 $F=\mu F_N$ F_N 为正压力、μ 为动摩擦因数，与接触面的材料及粗糙程度有关	这样做能使学生认识到复杂的事物由简单事物构成的道理，锻炼学生实验探究的能力，也能提高学生发现问题处理问题的能力。鼓励学生从物理现象和实验中归纳科学规律，使学生认识到实验、分析、论证在科学探究中的重要性

	课件展示	最后给学生留一个课后实验探究:最大静摩擦力与滑动摩擦力大小的关系。通过课堂小结检测学生掌握情况,同时也让学生练习规范答题		让学生自己设计实验,并分享每个小组的探究成果。根据学生的反馈,发现问题、解决问题。引导学生改进实验装置,得到结论。再由教师对公式进行说明、总结,体现从生活走向物理的教学观念
讲授新课	课件展示	任务六解决问题 问题8:赛车行驶时上下压力差会使车身对地面的压力减小,怎么办? 问题9:F1 赛车的轮胎又宽又大有什么作用? 能说明滑动摩擦力的大小受接触面积的影响吗? 问题10:在我国东北寒冷的冬季,有些地方用雪橇作为运输工具。一个有钢制滑板的雪橇,连同车上木料的总质量 4.9×10^3 kg。在水平的冰道上,马要在水平方向用多大的力,才能拉着雪橇匀速前进? g 取 10 N/kg	根据所学知识进行解释问题 8、9,再通过滑动摩擦力的计算公式解决问题10。 F_N F_f F mg	让学生把所学知识应用到生产生活中,激发学生的社会责任感,唤醒学生生涯意识
课堂小结		摩擦学涉及的问题与节约能源、节约材料、减少磨损、提高资源利用率和保护环境密切相关,所涉及领域也较广泛,有冶金、能源化工、铁道机车、汽车、航天航空、船舶、军事、农业等。如果正确运用摩擦学知识,可以节省人民币 3 270 亿元,中国的摩擦学应用研究发展面临着很大的挑战,需要我们持续推动技术不断进步,刺激技术革新		
课后作业		1. 在我们生活中,有很多增大摩擦和减小摩擦的例子,请分别举出三个。 2. 课本练习与应用第 3 题		

	第二节　摩擦力
板书设计	1.定义：两个相互接触的物体，当他们具有相对运动趋势或发生相对运动时，就会在接触面产生　静摩擦力　滑动摩擦力 2.条件： (1)相互接触并挤压 (2)接触面粗糙 (3)相对运动趋势或发生相对运动 3.摩擦力方向：沿着接触面 静摩擦力：与物体相对运动趋势的方向相反 滑动摩擦力：与相对运动方向相反 4.静摩擦力的大小： $0<F_{静}<F_{max}$ 滑动摩擦力的大小：$F=\mu F_N$
教学反思	本节课主要学习了摩擦力及其影响因素，其中影响摩擦力大小的因素是难点，通过小组合作设计实验、进行实验探究突破了难点。由汽车运动赛事，引发学生思考比赛过程中，赛车哪些方面利用了摩擦力和防止摩擦力带来危害的问题，通过逐步探究出摩擦力的有关知识，学生能解释为什么 F1 赛车最终获得胜利，体会到科技发展的力量，激发学生参与科技前沿、科学探索的强烈欲望，同时也意识到科学技术是不断进步的，中国的汽车工业和体育产业都离不开科学技术，鼓励学生努力学习，利用所学到的知识将来投身到汽车、船舶、航空航天产业技术的研究中去，贡献力量，利国利民

《生活中的圆周运动——汽车过拱形桥》教学设计方案

米达越

课型	新授课	课题	生活中的圆周运动——汽车过拱形桥	教材版本	人教版
年级	高一	课时	1课时	授课教师	米达越
课程标准	1.能用牛顿第二定律分析匀速圆周运动的向心力。 2.分析生活和生产中的离心现象				
教学目标	1.在汽车过拱形桥和凹形桥的具体问题中分析向心力来源。 2.应用牛顿第二定律分析解决生活中汽车过桥的简单问题,培养学生将物理知识应用于生活、生产实践的意识。 3.通过对桥面所受压力的进一步分析,培养学生理论联系实际的意识,激发继续学习桥梁设计与建设的兴趣				
教材分析	本节内容出自人教版必修二第六章第四节,是在学生学习了圆周运动、向心力、向心加速度之后的一节内容,本节内容分别研究了火车转弯类的水平面内匀速圆周运动和汽车过拱形桥的竖直面内变速圆周运动,本节课为第二课时汽车过拱形桥,通过研究圆周运动规律在生活实际中的应用,培养学生将物理知识应用于生活、生产实践的意识				
学情分析	学生在此之前已经学习了匀速圆周运动、向心力、向心加速度的概念,分析了水平面内圆周运动的规律,如火车转弯等问题,对匀速圆周运动有了较为清晰的认识,但是对于竖直面内的变速圆周运动还没有接触,所以教学过程中从汽车过拱形桥和凹形桥的运动性质开始分析,使学生认识到竖直面内物体同样可以做圆周运动,从而进行知识迁移解决实际问题,让学生主动探索新知识,积极参与教学过程的每一个环节				
生涯设计	通过影片中激烈的场景使学生意识到桥梁的重要性,再通过对桥梁半径的简单设计激发学生对桥梁设计的兴趣,最后通过2020年国际桥梁大会中我国桥梁的获奖情况及道路桥梁与渡河工程专业名校的介绍进一步激发学习该专业的热情				
重点难点	重点	分析汽车过拱形桥最高点及凹形桥最低点时的向心力来源。 应用牛顿第二定律定量分析桥面所受压力			
	难点	通过桥面所受压力表达式,联系生活实际,分析汽车过拱形桥的临界条件			

设计思路		通过影片中激烈的场景使学生意识到桥梁的重要性,再通过生活中常见的汽车过拱形桥和凹形桥的情景,分析汽车做圆周运动的向心力来源,并应用牛顿第二定律定量求解桥面所受到的压力,并分析汽车的速度大小对压力的影响,得到汽车过拱形桥的临界速度,培养学生的安全意识。在练习中提高对桥梁半径的简单设计激发学生对桥梁设计的兴趣,最后通过 2020 年国际桥梁大会中我国桥梁的获奖情况及道路桥梁与渡河工程专业名校的介绍进一步激发学习该专业的热情		
教学方法		讲授法、分组讨论法、对比法、多媒体演示		
教学过程	手段	教师活动	学生活动	教学设计意图
导入新课	课件展示(播放视频、PPT 展示图片)	1.播放影片《金刚川》中我军为渡江用血肉之躯架起桥梁的震撼场景,感受到桥梁是我军的生命线。 2.介绍和平年代桥梁在生活中的作用。 3.展示生活中常见的桥梁图片:南京长江大桥、黄石长江大桥、泸定桥。 4.提出问题:汽车通过平直桥时做直线运动,竖直方向处于平衡状态,那么汽车通过拱形桥和凹形桥时又分别做什么运动?桥面受到的压力分别为多大呢?	分析在保家卫国的战争中桥梁的重要性。 感叹桥梁对生活的影响范围之广	从大家熟悉的、令人震撼的影视片段入手,创建情景,启发学生对桥梁重要性的认识,激发学生的兴趣。 以问题导入,展示本节课的重点,引领学生思考
讲授新课	课件展示(图片展示) 投影仪投影学生作答过程	活动一: 展示车辆通过拱形桥的图片,小组讨论完成下列问题: 1.分析汽车通过桥时做什么运动? 2.当车在桥的最高点时竖直方向受哪些力作用?什么力提供向心力? 3.质量为 m 的汽车在拱形桥上以速度 v 前进,设桥面的圆弧半径为 r,求汽车通过桥的最高点时对桥的压力 F_N。 活动二:在问题中深化认知。 问题1:汽车过拱形桥最高点时处于什么运动状态? 问题2:汽车行驶的速率,对桥面受到的压力有怎样的影响? 问题3:汽车的速率不断增大,会出现什么现象?此时桥面受到的压力为多大?汽车的速度多大?	任务一:分析汽车的运动,小组讨论,相互交流,构建模型。 任务二:结合压力表达式分析汽车对桥面时的运动状态,及其运动规律	1.通过模型构建,训练了学生科学思维。 2.通过逐层深入的学习,使学生体会分析物体运动的分析过程,掌握其分析步骤

| 讲授新课 | 课件展示（板书） | 活动三：
展示车辆通过凹形桥的图片,仿照汽车过拱形桥的分析过程,自主完成下列问题,并在小组内互相检查。
1.分析汽车通过桥时做什么运动?
2.当车在桥的最低点时竖直方向受哪些力作用?什么力提供向心力?
3.质量为 m 的汽车在拱形桥上以速度 v 前进,设桥面的圆弧半径为 r ,求汽车通过桥的最低点时对桥的压力 F_N 。
活动四:在问题中深化认知。
问题1:汽车过凹形桥最高点时处于什么运动状态?
问题2:汽车行驶的速率,对桥面受到的压力有怎样的影响?
问题3:要使车辆安全通过凹形桥的最低点,对车行驶的速率有什么要求?
活动五:拓展训练
1.汽车若在起伏不平的公路上行驶时,需要控制好车速,以免造成危险。如图所示为起伏不平路面的简化图:设该段公路为半径不同的圆弧相切连接,其中 A、C 为圆弧的最高点,B、D 为圆弧的最低点,且 A、B 两点的圆弧半径为 r = 50 m,质量为 2 t 的汽车行驶在路面上,g = 10 m/s²,请分析:

(1)当车保持大小为 20 m/s 的速度在路面上行驶时,A 点和 B 点受到的压力分别为多大?
(2)汽车安全通过 A 点的最大速度为多大?
(3)汽车通过哪一点时最容易爆胎。
投影展示同学的解题过程,并点评学生解题情况,引导学生注意行车安全,提高学生的安全意识 | 任务三:分析汽车的运动,构建模型,求解出汽车对桥的压力表达式 $F_N = mg + \dfrac{mv^2}{r}$

任务四:结合压力表达式分析汽车对桥面时的运动状态,及其运动规律。

任务五:
1.自主完成练习,组内交流讨论,形成统一认识。
2.每组推荐一位同学进行问题讲解。其他组的同学若有疑问,可进行提问或纠正 | 1.小组合作交流讨论,培养学生合作沟通能力。
2.通过进一步分析,提高学生归纳总结能力,培养学生深入思考的习惯。
类比拱形桥的分析过程,再次分析汽车过凹形桥的过程,既能巩固此类问题的分析方法,又能与拱形桥的过程进行对比,发现二者的不同。
3.通过练习巩固所学内容。
4.引导学生注意行车安全,提高学生的安全意识。
5.习题中指出要求道路及桥梁的半径,使学生意识到所学内容是可以应用于实际的,培养学生将物理知识应用于生活、生产实践的意识。
6.通过对道路桥梁半径大小的简单设计唤醒学生生涯意识 |

讲授新课		2.某高速公路用高级沥青铺设,汽车在这样的路面上行驶时轮胎与地面的最大静摩擦力等于车重的 0.6 倍（g 取 10 m/s²）,高速公路的设计时速为 108 km/h。如果汽车在这条高速公路的水平弯道上转弯,其弯道的最小半径是多少？为提高行车安全系数,弯道的路面应怎样设计？如果需要在这条高速公路上设计一座圆弧拱桥以跨过某条河流,要使汽车能够以设计时速安全通过圆弧拱桥,这个圆弧拱桥的半径至少是多少？ 活动六:介绍我国桥梁行业的发展现状和道路桥梁与渡河工程专业的名校。 我国是桥梁建设第一大国。在桥梁规模最大、数量最多、跨度最长、载重最大、建设周期最短等指标上世界领先。 在 2020 年国际桥梁大会中我国桥梁所斩获六项大奖及相应的桥梁展示。 大学介绍:清华大学、济南大学、天津大学、北京工业大学、东南大学、哈尔滨工业大学等	任务六:了解我国桥梁行业的成就及美好前景。了解道路桥梁与渡河工程专业较好的大学	通过我国桥梁行业的发展现状及道路桥梁与渡河工程专业的大学介绍,鼓励学生将来学习道路桥梁与渡河工程专业,激发学生学习的热情,努力为祖国的桥梁行业贡献力量
课堂小结	1.生活中很多运动都属于圆周运动,分析这类问题的关键是正确分析向心力来源,利用牛顿第二定律分析其运动规律。 2.向心力的公式对于变速圆周运动同样适用。 3.车辆经过不同形状的桥梁时所处的运动状态不同,安全行驶所涉及的范围很广,而这些问题要通过大学相关专业去学习、探索			
课后作业	请同学们课后复习本节课的内容,完成课本第39页"练习与应用"的 4 题和 5 题。 利用身边物体设计拱形桥模型,并计算出物体安全通过此"桥"的最大速度			

<table>
<tr><td>板书设计</td><td>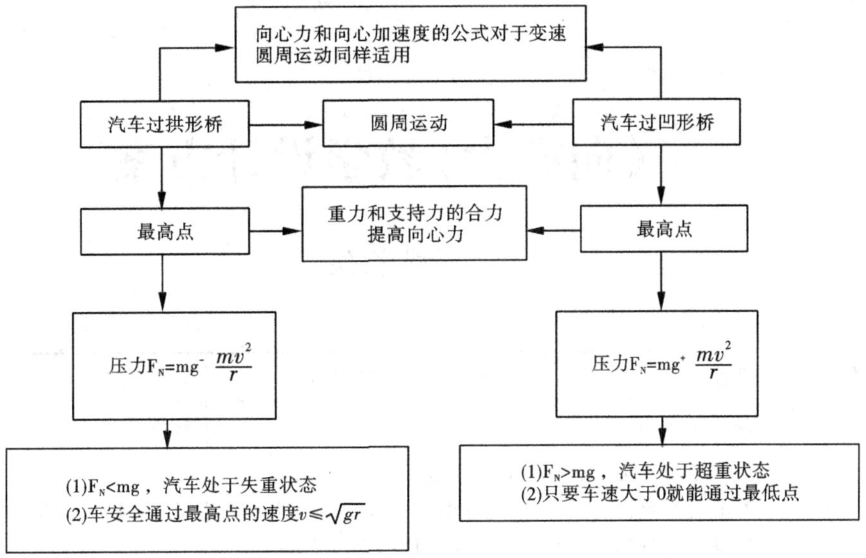
向心力和向心加速度的公式对于变速圆周运动同样适用
汽车过拱形桥
圆周运动
汽车过凹形桥
最高点
重力和支持力的合力提高向心力
最高点
压力$F_N=mg-\frac{mv^2}{r}$
压力$F_N=mg+\frac{mv^2}{r}$
(1)$F_N<mg$，汽车处于失重状态
(2)车安全通过最高点的速度$v\leq\sqrt{gr}$
(1)$F_N>mg$，汽车处于超重状态
(2)只要车速大于0就能通过最低点</td></tr>
<tr><td>教学反思</td><td>本节课主要学习了汽车通过拱形桥最高点和凹形桥最低点时的运动问题,其中汽车过拱形桥最高点是难点,通过小组合作构建圆周运动模型很好地突破了难点。在教学设计上遵循学生的认知规律,使学生对物理规律的建立、理解和运用有一个从感性到理性,从定性到定量的过程,使学生能够积极地参与问题的分析、讨论、交流和体验,在自主的氛围中理解掌握知识,发展提升能力。通过学生自己设计桥梁半径及2020年国际桥梁大会中我国桥梁的获奖情况，激发学生对学习道路桥梁与渡河专业的热情</td></tr>
</table>

《向心力》教学设计方案

刘长侠

课型	新授课	课题	向心力	教材版本	人教版
年级	高一年级	课时	1课时	授课教师	刘长侠
课程标准	1.知道匀速圆周运动向心加速度的大小和方向。 2.通过实验,探究并了解匀速圆周运动向心力大小与半径、角速度、质量的关系。 3.能用牛顿第二定律分析匀速圆周运动的向心力				
教学目标	1.通过不同情境做圆周运动物体的模型建构,知道向心力是根据效果命名的力,会分析向心力的来源。 2.通过体验水瓶的旋转活动,感受影响向心力大小的因素,通过实验探究它们之间的关系。 3.掌握向心力的表达式,能够计算简单情境中的向心力。 4.知道变速圆周运动和一般曲线运动的分析方法				
教材分析	从教材的内容方面来看,这节课是从相互作用的角度来研究圆周运动,是对力与运动关系认识上的进一步发展,为接下来向心加速度、万有引力定律等学习奠定了基础。在整个教材体系中起了承上启下的作用,并且这样的安排由简单到复杂,符合学生的认知规律。从教材的地位和作用方面来看,向心力是相互作用观念中的重要概念,也是高一年级物理课程中比较重要的概念之一,对向心力的研究使学生对相互作用观的认识又向前推进了一大步。本节内容为研究天体的圆周运动、带电粒子在磁场中运动做了很好的铺垫				
学情分析	在学习本节课前学生已经形成了一定的相互作用与运动观,认识到了受力和初始状态决定了物体的运动形式,对于复杂的曲线运动的研究也掌握了运用不同于直线运动的研究方法,为研究圆周运动提供了一定的知识和方法储备。向心力是一个全新的概念,学生之前没有遇到过,向心力又是从效果上命名的力,分析向心力的来源是有困难的				
生涯设计	向心力在生活、生产和科学技术中有着广泛的应用。从学生喜欢的空中飞椅、旋转木马、过山车运动,到生活中学生熟悉的旋转餐桌、滚筒洗衣机、汽车转弯、火车转弯运动,再到体育赛事中学生常见的链球运动、弯道滑冰运动以及学生们极度感兴趣的宇宙航行等运动,都离不开心力的应用。而这涉及的专业有很多,比如测量技术、机械工程、土木工程、道路交通、平面设计,等等,根据本校学生实际情况,这节课侧重道路与桥梁专业的渗透				

重点难点	重点	建立与理解向心力的概念以及向心力来源的分析		
	难点	建立与理解向心力的概念以及向心力来源的分析		
设计思路		认识向心力,感受向心力,探究向心力,应用向心力		
教学方法		实验法、小组交流讨论法、归纳总结法等		
教学过程	手段	教师活动	学生活动	教学设计意图
导入新课	课件展示	课前复习力与运动的关系。"空中飞椅"的问题情境引发学生思考	1.复习力与运动的关系,引发对本节问题的思考。2.空中飞椅问题引发学生思考:如何把一个实际问题转化成物理模型进行研究	通过复习及问题引领,激发学生的学习兴趣,快速把学生的注意力吸引到课堂上来
讲授新课	课件展示	任务一:模型建构和受力分析:1.对生活中做匀速圆周运动的物体进行模型建构和受力分析。2.归纳出向心力的定义、特点 、来源	学生通过模型建构和受力分析,总结归纳出向心力的特点及来源并尝试给出向心力的定义	学生通过对匀速圆周运动实例分析,进行模型建构和受力分析,体会匀速圆周运动这样的曲线运动的力学特点和研究方法
	学生分组实验	任务二:认识向心力、感受向心力:向心力的大小可能与哪些因素有?	在绳子的一端拴一个小的矿泉水瓶,另一端握在手中将手举过头顶,使水瓶在水平面内做圆周运动,水瓶所受的向心力近似等于手通过绳对水瓶的拉力,改变水瓶的质量以及水瓶转动的速度和绳的长度,感受向心力的变化。猜想可能影响向心力的因素有哪些	通过体验活动感知向心力的存在,同时猜想向心力的大小可能与速度、质量和绳长有关。提高学生的科学思维能力、归纳总结及语言表达能力
	演示实验	任务三:探究向心力的表达式1.阅读说明书了解向心力演示仪的结构、工作原理。2.利用向心力演示仪探究向心力的表达式	阅读向心力演示仪说明书,设计实验,进行实验,收集数据,归纳总结向心力大小与那些因素有关,推导向心力的表达式	培养学生科学探究的意识,能设计实验,验证猜想。体会控制变量法在物理实验中的作用。经历实验探究过程,体会科学探究的重要性

		任务四: 变速圆周运动和一般曲线运动的受力特点: 自行车在水平弯曲的道路上行驶时,它的运动是匀速圆周运动吗?如果从速度计读出自行车运动的速度,计算自行车的向心力,还需要知道什么物理量?如何获得?	学生从运动与相互作用的关系分析得出变速圆周运动和一般曲线运动的合力特点及研究方法。从力的分解角度了解圆周运动速度大小与方向改变的原因。 学生根据前面的模型建构和受力分析的学习方法,寻找解决方案,分析出所需的物理量	通过真实的问题情境,引发学生思考。通过分割曲线,从极限的角度了解研究一般曲线运动的方法。从力的分解角度了解圆周运动速度大小与方向改变的原因
讲授新课	课件展示			

课堂小结	本节从知识与方法两个方面对本节内容进行总结与反思,学生独立完成任务。设计意图:课堂小结是教学内容的再现,帮助学生厘清知识结构,掌握内在联系。同时总结重要的物理学习方法,为下一步学习架设桥梁
课后作业	一、基础知识类作业 1.再次阅读课本,复习本节课所学的内容。 2.整理笔记。 3.以简答题的形式完成课后练习题1、3到作业本上。 二、课后实践类作业 请同学们利用所学的知识测量自行车在我们学校的标准跑道转弯处向心力的大小。制定方案并进行实际测量,写出实验报告。有些数据可以查阅资料
板书设计	6.2 向心力 1.向心力的定义:做匀速圆周运动的物体所受的合力总指向圆心,这个指向圆心的力就叫作向心力。 2.向心力的特点:(1)方向:始终指向圆心,是变力。 　　　　　　　　(2)效果:只改变速度的方向,不改变速度的大小。 3.向心力来源:向心力通常由重力、弹力、摩擦力中的某个力,或某个力的分力,或几个力的合力所提供。 4.向心力大小的表达式:$F=m\omega^2 r$　　$F=m\dfrac{v^2}{r}$ 5.变速圆周运动和一般的曲线运动的受力特点: (1)切向力 F_t:垂直半径方向的分力,产生切向加速度,改变速度大小。 (2)向心力 F_n:指向圆心的分力产生向心加速度,改变速度方向。 6.方法总结:类比法、微元法

教学反思	这节课,从学生表现看,学生喜欢老师分享一些生活的实例。猜想时,能大胆发言,积极踊跃,各抒己见。在课堂中,学生的实验探究活动的积极性很高,每个学生按照提前制定的游戏规则"玩"那个带绳子的水瓶。学生通过亲自动手,亲身感受,在"玩"中获得了直观的体验。 本节课的重难点是建立与理解向心力的概念以及向心力来源的分析。让学生理解向心力并不是物体真正受到的力,这一点比较抽象,本节课是通过具体实例,在模型建构和受力分析的过程中让学生体会、感受向心力的来源的,降低了理解的难度,教学效果也比较好。 本节课的不足之处是给学生自主交流学习的时间少,时时评价还有待加强。对学生的生涯规划的引领缺少专业性、系统性和适切性,所学内容涉及的专业非常广泛,教师对所涉及的专业及行业不是很熟悉,还需要加强自身的理论学习和技能培训,努力做到把教学内容潜移默化地渗透到学生的生涯规划中。通过自学和专家引领,不断地提高自己对生涯规划的理解和指导能力

生涯规划在高中化学教学中的引领

《化学反应与电能》教学设计方案

谢　迪

课型	新授课	课题	化学反应与电能	教材版本	人教版
年级	高一	课时	1课时	授课教师	谢迪
课程标准	1.知道化学反应可以实现化学能与其他形式能量的转化,以原电池为例认识化学能可以转化为电能。 2.从氧化还原反应的角度初步认识原电池的工作原理。 3.体会研制新型电池的重要性				
教学目标	1.通过原电池原理的学习,建立原电池模型,提高模型认知能力,体会化学能到电能的直接转化。 2.通过原电池构成要素的学习,学习科学探究方法。 3.通过对电池的发展历史和前景,理解研发新型电池的意义和目的				
教材分析	对于化学反应中的电能,教材主要介绍原电池原理及应用——化学电池。电能作为化学反应中能量变化的例子,应侧重化学能转化为电能的原理。本节重点知识理论性强,微观分析多,较为抽象,知识内涵丰富,信息量大				
学情分析	学生在初中学习了化学反应中的物质变化,初步认识了化学反应中的能量变化,在此基础上进一步介绍化学反应中能量变化的基础知识和应用,拓展学生原有的化学反应认识视角。同时,学生在必修一阶段已经学习了氧化还原反应,知道了氧化还原反应的实质为电子的转移,在探究原电池原理时,更容易理解原电池构成的前提条件——氧化还原反应电子的定向移动形成电流				
生涯设计	激发学生对化学电源的兴趣,引导学生可以利用原电池知识的理论学习从事电池研发等相关工作				
重点难点	重点	化学能转化为电能的装置特点			
	难点	化学能转化为电能的装置原理			
设计思路	本课设计通过“火力发电体系”作为课前导入,反思传统发电的利弊,并结合能源问题,提出更高效的能源利用方式——“将化学能直接转化为电能”。通过学生已有的生活经验,以及电学、化学反应中能量变化和氧化还原反应等知识,进行原电池工作原理及构成要素的探究学习。最后根据伏打电池化学史素材、化学电源的应用、化学电源的蓬勃发展等三个环节,认识到研制新型电池的重要性以及化学电源可能引起的环境问题,初步形成客观、正确的能量观。并在最后留下反思,引导学生对于化学电源的开发和改进,理解研发新型电池的意义和目的,学以致用,进行生涯规划的引导				

教学方法		任务驱动教学法、实验法、合作学习法、启发式教学法		
教学过程	手段	教师活动	学生活动	教学设计意图
导入新课	课件展示	创设情景:分析火力发电体系中的各种要素。 1.电力在当今社会的应用和作用 2.我国目前和未来发电总量构成 3.火力发电的原理分析 4.火力发电利与弊分析 5.燃烧的氧化还原反应本质	分析火力发电的利弊	从火力发电入手,主要是考虑到其在生产中较为常见,学生也已了解其中的化学和物理知识
讲授新课	课件展示(板书)	建立新思路: 是否能将化学能直接转化为电能? 提出新的研究任务: 研究"化学能直接转化为电能"的原理	初步形成"化学能→热能→机械能→电能"的思维模式向"将化学能直接转化为电能"新思模式的转化	形成高效利用燃料、不浪费能源、积极开发高能清洁燃料的意识
	演示实验	环节一:实验演示课本第36页【实验6-3】 将锌片和铜片插入盛有稀硫酸的烧杯中,观察现象。 用导线连接锌片和铜片,观察、比较导线连接前后的现象。 用导线在锌片和铜片之间串联一个电流表,观察电流表指针是否有偏转。 通过观察到的实验现象,请同学分析一下在本实验中产生现象的原因	环节一:观察实验现象,根据宏观现象进行微观推理	通过演示实验,推理原电池的工作原理,并通过观察实验现象和微观推理,形成"宏观辨识与微观探析"的学科核心素养
	课件展示(板书)	通过对实验现象的分析,构建原电池模型,分析铜锌稀原电池工作的原理 **原电池** 氧化反应　　　　还原反应 $Zn-2e^-=Zn^{2+}$　　$2H^++2e^-=H_2$ 总反应:$Zn+2H^+=Zn^{2+}+H_2$ 总结:这种将化学能直接转化成电能的装置就称为原电池 原电池:将化学能直接转化成电能的装置 正极:电子流入的一极(发生还原反应) 负极:电子流出的一极(发生氧化反应)	建立原电池模型,并回答问题	通过模型构建,提高了学生模型认知能力,训练了学生科学思维,提高了学生归纳总结能力

讲授新课	课件展示	环节二:请同学们分小组完成课本37页探究模块:"简易电池的设计与制作",并回答其中的【问题和讨论】部分	环节二:分小组设计试验方案,通过小组之间交流和讨论比较评价方案的优劣	根据原电池原理,设计和制作简易电池,体会原电池的构成要素;养成科学严谨的态度,学会科学研究方法,通过小组合作讨论,培养学生合作沟通能力;体会"电池研发人员"的科学严谨的工作态度
	板书	总结: 原电池的构成要素: 前提:自发进行的氧化还原反应 装置构成:电极材料、闭合回路、氧化剂和还原剂	总结原电池的构成要素	
	课件展示	环节三:感受原电池的社会价值与意义 讲述伏打电池的发明等化学史素材: 英国化学家尼科尔森和卡莱尔利用伏打电池电解了水,证明了水是由氢、氧两种元素组成的化合物。 英国化学家戴维利用串联的伏打电池组,通过电解法发现了几种活泼金属元素。 有了伏打电池提供的稳恒电流,物理学家们开始研究电与磁的相互作用,使电磁学获得了蓬勃发展	环节三:思考原电池对社会进步的价值与意义	感受化学能转化为电能的社会价值,感悟化学电源对社会科技进步的重要性
	板书	环节四:化学电源的实际应用 原电池的应用——化学电源 一次电池:电池内部的氧化还原反应不可逆向,如锌锰干电池 二次电池:放电——化学能转化为电能 　　　　　充电——电能转化为化学能 又称为充电电池,如铅酸蓄电池,镍氢电池,锂离子电池等。 燃料电池:一种将燃料和氧化剂的化学能直接转化为电能的装置	环节四:阅读课本,并结合实际生活经验,说出化学电源在实际生活中的用途	了解各种化学电源的用途,充分体会所学知识的价值
	课件展示	环节五:化学电源的蓬勃发展 同学们,请结合我们现在生活中的化学电源以及它们的应用,思考我们对于化学电源的使用还有怎样的问题,可以进行怎样的改进?	环节五:反思并回答问题	引导学生对于化学电源的开发和改进,理解研发新型电池的意义和目的

讲授新课	课件展示	环节六:生涯规划指导 通过课本第 39 页"化学与职业"板块,了解电池研发人员,并给出未来的职业规划以及高校与专业链接。 1.职业规划:新能源电池测试工程师、锂离子电池结构工程师、动力电池研发工程师 2.高校与专业链接 化学、应用化学、能源化学:中国科学技术大学、北京大学、南京大学、浙江大学、清华大学 机械设计制造及其自动化:华中科技大学、哈尔滨工业大学、大连理工大学、天津大学、西北工业大学 车辆工程:清华大学、西安交通大学、吉林大学、北京理工大学、大连理工大学	环节六:阅读课本,并通过课件展示的内容,认识到课堂学习的内容可以学以致用	学以致用,进行生涯规划的引导
课堂小结	原电池的工作原理、构成要素 电子沿导线传递,有电流产生 氧化反应 ← 负极　　正极 → 还原反应 不断溶解 阴离子移向　　　阳离子移向 电解质溶液			
课后作业	1.原电池是一种可将_____直接转化为_____的装置,其中发生的化学反应属于_____。原电池的必要组成部分有_____。 2.下列关于右图装置的说法,错误的是(　　)。 A.锌片是负极,其质量逐渐减小 B.氢离子在铜片表面被还原,产生气泡 C.电流从锌片经导线流向铜片 D.电子从锌片经导线流向铜片 Zn　Cu 稀硫酸 3.随着生活质量的不断提高,废电池必须进行集中处理的问题被提上议事日程,其首要原因是(　　)。 A.利用电池外壳的金属材料 B.防止电池中汞、镉和铅等重金属离子对土壤和水源的污染 C.不使电池中渗泄的电解液腐蚀其他物品 D.回收其中石墨电极			

板书设计	6.1.2 化学能与电能 1. 原电池:将化学能直接转化成电能的装置 正极:电子流入的一极(发生还原反应) 负极:电子流出的一极(发生氧化反应) 2. 原电池的构成要素: 前提:自发进行的氧化还原反应 装置构成:电极材料、闭合回路、氧化剂和还原剂 3. 原电池的应用——化学电源 一次电池:电池内部的氧化还原反应不可逆向进行,如锌锰干电池又称为充电电池,如铅酸蓄电池、镍氢电池、锂离子电池等 二次电池:放电——化学能转化为电能 充电——电能转化为化学能 燃料电池:一种将燃料和氧化剂的化学能直接转化为电能的装置
教学反思	本节课主要学习了原电池的工作原理及构成要素,通过实验探究分析,解决了原电池的工作原理,培养了学生科学分析问题的能力,构建了原电池工作模型,提升了模型认知能力;经过小组合作探究,制作简易电池,探究原电池的构成要素,培养学生科学严谨的学习态度;在通过对伏打电池的发明了解,让学生知道化学电源对科学的发展的重要作用;通过对化学电源的应用、化学电源的蓬勃发展,引发学生对能源问题、新型电池开发问题的思考,同时也意识到科学是不断进步的,化学电源的开发还有很多问题可以继续突破和改进,鼓励学生努力学习,将来投身到化学电源的研发工作中去

《有机合成》教学设计方案

李艳慧

课型	新授课	课题	有机合成	教材版本	人教版
年级	高一	课时	1 课时	授课教师	李艳慧
课程标准					
教学目标					
教材分析					
学情分析					
生涯设计					

课程标准	1.通过系统学习有机合成的重要反应,使学生掌握有机合成中正确的思维方法。 2.初步掌握设计复杂化合物合成路线的基本技能。 3.培养学生灵活运用所学知识分析和解决问题的能力
教学目标	1.明确逆向合成法的原理、步骤及分析过程。 2.掌握断键原则和官能团转换的一些技巧。 3.理解逆向合成法在有机合成中的应用,尤其在制药行业中的重要作用
教材分析	有机合成是本章的最后一节,通过复习再现、资料给予、课件激发、课题探究等形式,分析有机合成过程,复习各类有机物的结构、性质、反应类型、相互转化关系。教学是通过典型例题的分析,使学生认识到合成的有机物与人们生活的密切关系,通过有机物逆合成法的推理,培养学生逻辑思维能力以及信息的迁移能力
学情分析	学生已初步掌握了烃及卤代烃、烃的含氧衍生物的结构、性质,为有机合成的学习奠定了理论基础。本节教学要在帮助学生复习再现烃以及烃的衍生物结构、性质、相互转化的基础上,初步学习有机合成的过程,理解有机合成遵循的基本原则,初步学会使用逆推法合理地设计出有机合成的路线
生涯设计	高中阶段是一个人认识自我的重要时期,职业规划与高中生的身心发展相适应。在新的高考模式"3+1+2"之下,选择性科目从史、地、政、物、化、生六门课程中选择,这就意味着学生有了更多的自主选择权,学生在选科时,就需要先提前对大学专业有一定的了解,知晓大类学科专业对科目的要求,科目的选择需要兼顾到以后的专业意愿,要涉及未来的职业理想。因此在中学时代教师就应该进行学科类的职业规划教育,让学生尽早对自己的人生有个较清晰的规划,初步形成正确的职业理想,熟悉职业世界,形成个人生涯目标,确立自己的价值观。本节课程设计以有机化学知识为基础,引入化学在日常生活、生产、制药、新材料、新能源及环境治理等方面的作用。确保学生在学习化学专业知识的同时获取职业信息,感受化学学科的发展和作用,认识化学知识在社会生产生活"变现与创造"的成果,体会化学工作者对社会发展的价值,增强学生学习化学的兴趣,树立从事化学学科相关工作的职业理想

重点难点	重点	初步学习运用逆合成分析法设计合理的合成路线,掌握键的断裂和官能团转换的方法		
	难点	逆合成分析法分析目标物质键的断裂和官能团的转化		
设计思路	独立预习、交流展示、合作探究、检测达标、反思总结			
教学方法	复习再现、资料给予、课件激发、课题探究等形式			
教学过程	手段	教师活动	学生活动	教学设计意图
导入新课	课件展示(播放物质合成及应用视频)	从生活走进化学,体会有机合成带给人类生活的便捷,引入新课	激发学生对有机合成的兴趣	联系生活实际,感受化学与生活和社会发展的密切联系
讲授新课	课件展示(播放视频)	【讲述】 一、有机合成的过程 (一)有机合成概念:利用简单、易得的原料,通过有机反应,生成具有特定结构和功能的有机化合物 (二)官能团的引入方法 二、有机合成的方法 (一)正向合成法 (二)逆向合成方法	学生对课本的概念性以及识记性知识点记忆理解深化	让学生学会将专业性知识进行识记掌握,并且学会运用。学会画过程示意图
		【例1】草酸二乙酯在医药工业中的应用,布置任务:请同学们运用所学知识合成草酸二乙酯。 找一位同学讲解他所设计的合成路线。 提问:你在设计草酸二乙酯合成路线时,我并没有给出原料,你是怎么想到用乙烯为原料呢?	通过交流讨论探究等方式,在学案上写合成流程图	让学生初步运用逆合成分析法,能够做到理论联系实际,将所学东西灵活的运用以解决实际问题

		【例2】乙酸苯酯微溶于水,可混溶于醇、氯仿、醚。用于治疗急慢性黄疸型肝炎、胆囊炎。布置任务:运用逆合成分析法来合成戊酸戊酯,在学案上写出分析过程和合成路线。 学生介绍自己设计的合成路线时,注意启发学生关注如何寻找正确的断键位置,在这个过程中,及时板书逆合成分析法的步骤。 提问:既然大家设计出了不同的合成路线,那么哪一种才是实验室最佳的合成路线呢?谈谈你的想法	学生在学案上写出分析过程。 由学生讲解分析过程。 学生讨论,得出正确结论	反复启发学生从目标分子出发,运用逆合成分析法去推出反应原料,初步认识逆合成原理
讲授新课	课件展示(播放视频)	【例3】布置任务:请运用逆合成分析法来合成戊酸戊酯,在学案上写出分析过程和合成路线。 提问:既然大家设计出了不同的合成路线,那么哪一种才是实验室最佳的合成路线呢?谈谈你的想法。 提问:戊酸戊酯的工业合成路线真的是这样吗?真正的工业合成路线比设计的实验室合成路线有何优点?	学生反思:自己是如何从目标分子出发去寻找前提分子的?在断键技巧上有何心得体会?	让学生对比工业合成路线与实验室合成路线的优劣
课堂小结	通过本节课的学习,学生能够很好地掌握有机合成逆合成的分析方法,认识逆向分析的思维方法,理解确定合成路线的基本原则。培养了学生的逆向逻辑思维能力,增强了运用逆合成分析法在有机合成中的应用能力。通过本节课使学生认识到有机合成在人类生活中的重要意义,体会到新化合物的不断合成使有机化学具有特殊的魅力!引导学生热爱化学,热爱生活,激发学生学习化学的动力!			
课后作业	完成学与导第三章课后习题			
板书设计	一、有机合成的过程 (一)有机合成的概念 (二)有机合成的过程 (三)官能团的引入方法 二、有机合成的方法 (一)正向合成分析方法 (二)逆合成分析法 三、有机合成遵循的原则			

教学反思	由于同学们课前做了精心的准备,课堂高效率、有质量,大部分学生能按要求完成布置任务,能提出多种合成新物质的方法。课堂中创设的问题情景源于生产生活,使学生感受到化学学科的神奇和魅力,提高了学生学习化学的兴趣。通过化学专业知识和职业规划的融合性学习,帮助学生了解了有机合成专业未来的就业前景,了解了未来的职业生涯规划,使学生对化学专业认识更加客观清晰,对升学职业规划都有了清晰的认知,形成了个人的生涯目标。认识到有机合成是化学工作者改造世界、创造未来最重要的手段,是担负起科技兴国的重要学科,对未来的职业发展做好了准备!

《化学电源与生活》教学设计方案

王泊宁

课型	新授课	课题	化学电源与生活	教材版本	人教版
年级	高二	课时	1课时	授课教师	王泊宁
课程标准	1.为帮助学生对化学电池的了解深入一步。 2.本节注重电化学知识与科技发展的紧密联系,帮助学生了解电池工业发展的现状和前景				
教学目标	1.应用原电池的构成要素和工作原理学会使电极反应方程式书写的方法变复杂;体会化学反应原理在电池设计中的应用。 2.体会二次电池的特点——使电极反应物和产物富集在电极材料表面,充、放电时可以循环转化,实现电池重复使用。 3.进一步了解依据原电池原理开发的技术产品——化学电源				
教材分析	教科书概要性地介绍了电池的分类、优点,以及质量优劣的判断标准,并以三大类型电池——一次电池、二次电池、燃料电池的相关知识为主线,以碱性锌锰电池、铅蓄电池和氢氧燃料电池为代表,简要介绍了电池的基本构造、工作原理、性能和适用范围,引出了"活性物质""比能量""比功率""自放电率""记忆效应"以及"绿色"环保等概念				
学情分析	学生对于原电池已经学习了相关的知识,只是很浅显,要求能够举例说明原电池中化学能和电能的转化关系及其应用,应使学生从微观层面对原电池和原电池的原理有更加深刻的认识和理解				
生涯设计	化学不仅与经济发展、社会文明的关系密切,也是材料科学、生命科学、环境科学、能源科学和信息科学等现代科学技术的重要基础。在当今社会中,化学电源已经成为生产生活不可或缺的一部分,例如:新能源电车、各种电子产品、军用设备的使用等都离不开化学电源。目前在各高校,电池方向的研究依旧是前沿内容,而且专业涉及范围广泛,包括材料化学、物理化学、催化化学、有机化学、生物化学等各方面。与电化学相关的专业其就业机会多,可选择性较大,而且较多单位都是位于各发达城市,例如:宁德时代位于福建省宁德市,华星光电总部位于武汉等。与国际上的合作也颇多,对于个人发展提供了宽广且高端的平台。 本节课就是在弄清原电池的原理和常见的原电池基础上,帮助学生了解电池工业发展的现状和前景。可以使化学在学生未来生涯规划中占据浓墨重彩的一笔				

重点难点	重点	体会设计电池过程中,原理与技术的应用;巩固分析原电池相关问题的角度和思路		
	难点	电池的设计和解析		
设计思路		从常见电池出发,掌握原电池的构造和原理,紧接着在原有基础上构建带有盐桥的电池装置,激发学生对电池的兴趣,促进化学学科与实际的联系,提高学生的学习热情,强化社会责任,以学科为基础树立远大目标,创造美好未来		
教学方法		本节课可采取讲授与讨论相结合的模式和分类比较的方法进行教学		
教学过程	手段	教师活动	学生活动	教学设计意图
导入新课	课件展示	利用多媒体展示各种电池,由此引出本节内容原电池的工作原理。通过化学原理在生活中的应用,第一时间让学生体会生活中的化学无处不在	让同学互相分享查找的生活中各色各样的电池	由生产生活实际引入,引起学生的学习兴趣。建立化学与生活的联系
讲授新课	课件展示(板书)	复习设问:我们在之前的学习中已经知道,将锌片、铜片置于稀硫酸中并以导线连接起来组成原电池,可以获得电流。那么根据所学,哪位同学能告诉老师,什么是原电池? 在整个过程中,电子的流向以及发生的反应具体是什么样的呢?	学生分小组讨论,并由小组代表回答。学生总结构成原理和条件	熟练掌握原电池原理。掌握构成条件,并理解构成微观原因
		大家来判断一下,下列哪些是原电池。投影:展示 A—E 的 5 套装置	学生分组讨论,并由小组代表回答讲解分析题目	掌握原电池原理在习题中的应用,能够正确解答原电池类题目
		请根据反应:$Zn + CuSO_4 = ZnSO_4 + Cu$ 设计一个原电池。实验演示:稀硫酸、锌片、铜片、电流计,安装连接为原电池装置	学生自行设计电池。提示学生观察稍后金属表面的现象,电流计变化	$CuSO_4$溶液 锌片上有红色物质生成。电流表读数不断减小

		问题： 1.该原电池在工作中有何缺点？ 2.如何改掉缺点？	学生查找问题，并提出方案：将锌和溶液分开，从而设计装置	电极材料与电解质溶液接触，即没有将氧化剂与还原剂分开，不易控制
讲授新课	课件展示（板书）	Zn (A) Cu ZnSO₄ CuSO₄ 课件展示盐桥原电池工作原理动态示意图。 问题：什么是盐桥？盐桥的作用又是什么？	盐桥的组成：装有饱和的盐溶液和琼脂的胶冻	掌握盐桥的组成、原理；弄清盐桥的作用和盐桥内离子移动情况
		1.根据原电池的设计理念总结原电池正负极判断方法。 2.举例相关题目，加深对原电池相关理论的掌握，能书写电极反应。 3.讲述原电池的应用方向，习题中的重难点	搜索新型电池资料，说一说各种电池的优缺点。 小组讨论有哪些方法如何延长电池的使用寿命	总结电池工作的原理，能够自己设计电池，书写电极反应
课堂小结	教材强调原电池的核心要素是以发生在电子导体间(比如金属与离子导体)，以电解质溶液接触界面上的氧化还原反应为基础，从而实现化学能与电能的相互转化			
课后作业	课本和练习册相关习题			
板书设计	化学电源 一、原电池的工作原理 1.电极。负极：电子流出，发生氧化反应，电流流入。 正极：电子流入，发生还原反应，电流流出。 2.原电池的构成条件 二、盐桥的作用 三、原电池原理的应用			

教学反思	高中阶段是学生学习的关键期,电化学是高中阶段重点知识,在知识结构中占据重要地位,在帮助学生熟练掌握知识技能的基础上,扩展与电化学相关的社会、生产、生活等的相关知识,这对于未来学生深造发展和职业规划有很大的帮助,让学生了解各能量中电能在当今社会发展的地位,建立学生理论学习和自身发展的联系。 为了做到以教育人的真实作用,我们在讲授知识时,要拓展眼界、加强与实践的联系,突显学科内容在未来发展中的指导作用。电化学就是一门尖端前沿科目,它自成一派,发展迅速,且与其他学科联系紧密,对于培养优秀的精英性人才提供巨大空间。 目前像清华大学、哈尔滨工业大学、武汉大学等各类重点大学在电化学方面都设立了相关专业,专业方向与未来学生的就业直接挂钩,让学生在学习知识的同时深入了解并规划未来,是知识学习外的关键一点

《发展中的化学电源》教学设计方案

周献萍

课型	新授课	课题	发展中的化学电源	教材版本	人教版
年级	高二	课时	1 课时	授课教师	周献萍
课程标准	举例说明化学能和电能的转化关系和应用;认识研制新型电池的重要性。一次电池、二次电池、燃料电池的反应原理,性能及其应用是知识技能的重点;通过对比学习化学电源的工作原理,初步认识化学电源宏观的相通性及微观本质的一致性;通过对化学电源不断优化改进的过程,明白人类认识化学电源的历程是不断发展进步的				
教学目标	1.知识与技能:通过交流讨论了解一次电池、二次电池和燃料电池的基本构造、工作原理、性能及其应用;会书写常见的电极反应和电池反应,会比较电池的优缺点。 2.过程与方法:通过对常见化学电池的分析,建立对原电池过程系统认识的思维模型,提高对原电池本质的认识。 3.情感态度价值观:增强科技认识,不断研发新型电池,满足人类社会发展的需求。积极回收利用废旧电池,减少其对环境的污染,树立环保意识。感受化学给人类带来的进步和文明				
教材分析	化学电源的内容可以看作"从抽象的思维到实践"的过程。安排在第二阶段和第三阶段之间的"方法导引",体现了学科核心素养的要求。对于一次电池、二次电池和燃料电池的介绍,是由简单到复杂分层递进安排的,目的是引导学生结合实例,应用原电池原理分析一次电池、二次电池的主要工作原理。对于燃料电池的引入,采用了 1839 年格罗夫设计和发明燃料电池的史实和思路。后面介绍的"科学史话"也具有鼓励学生创新的精神引导和方法提示的作用				
学情分析	学生在高一化学必修第二册中已经学习了化学电源,生活中有丰富的使用化学电源的体验,本章第一课又深入学习了原电池,但大多是从宏观地、孤立地了解化学电源的结构、原理,对化学电源的内在联系和微观实质共同性的理解缺乏一定的深度思考				
生涯设计	通过对电池结构、原理、性能的学习,引导学生去研究电池的效率、寿命、安全性、适用性和制造成本,在许多科研机构和生产企业中都需要大量的具备扎实化学基础的研究人员去从事电池的研发工作				
重点难点	重点	一次电池、二次电池和燃料电池的构造、工作原理及性能的对比			
	难点	不同介质下燃料电池的电极反应式书写;陌生电池的电极反应式书写			

设计思路	1. 了解化学电池的发展历史与新型电池的开发。			
	2. 要求学生调查市场常见化学电池的种类、讨论这类电池的工作原理、生产工艺和回收价值			
教学方法	讲授与启发、联想与讨论、小组合作探究、分组实验			
教学过程	手段	教师活动	学生活动	教学设计意图
导入新课	课件展示	看到这盏漂亮的小桔灯了吗？请同学们利用桌上的材料自己动手制作水果电池。给一部手机充电大约需要多少个橙子？新能源汽车的发展现状如何？	学生动手实验,边实验边思考老师的问题。举例说出电池的广泛应用。讨论交流新能源汽车的发展现状	从简单的水果电池到新能源汽车电池,学生亲自动手制作简易电池。由此创建情景,激发学生的学习兴趣,使学生对化学电池产生兴趣
讲授新课	课件展示	为了满足不同的用电需求,人们研制出了许多结构和性能各异的化学电池。也就是我们这节课要学的一次电池、二次电池、燃料电池。 一、一次电池——干电池 1.普通锌锰干电池 缺点:放电量小,放电过程中易气胀或漏液。 优点:容量大,重量轻。 2.碱性锌锰干电池 缺点:只能一次使用,不能充电;价格较贵。 优点:比能量和储存时间有所提高,不会气胀或漏液。适用于大电流和连续放电。 3.锌银纽扣电池 优点:比能量大,电压高、稳定,低污染。 用途:手表、相机、心率调节器等,适宜小电流连续放电。 二、二次电池——可充电电池 1.铅酸蓄电池 缺点:笨重,比能量低,废弃电池污染环境。 优点:可重复使用、电压稳定、使用方便、安全可靠、价格低廉	每个小组的学生将课前搜集好的电池拿出来,让同学们认识、了解。学生通过自己课前查阅的资料,每组派出一位代表介绍每种电池的结构。学生写出电池的电极反应式。举例说出三种可充电电池在实际中的应用,明确三种电池的优缺点	检查学生课前的自主学习能力及分析问题、解决问题的能力。训练学生写电极反应式时对电荷守恒和原子守恒思想的运用。在生活中如何去选择电池

讲授新课 学科渗透 生涯规划	学生展示 讨论交流 课件展示 教师引导	2.银锌蓄电池 体积小、重量轻、容量大。例如 15XYG-45 型银锌蓄电池的重量只有 12HK-28 型电池的 60%，而容量则为它的 1.7 倍。银锌蓄电池还有放电电压平稳和自放电小等优点。 3.镉镍电池 废弃的镍镉电池已成为重要的环境污染物，有资料表明，一节废镍镉电池可以使 1 m^2 的耕地失去使用价值。在酸性土壤中这种污染尤为严重，这是因为：$Cd(OH)_2$ 和 $Ni(OH)_2$ 能溶于酸性溶液生成有毒的重金属离子等 4.锂离子电池 缺点： (1)衰老。与其他充电电池不同,锂离子电池的容量会缓慢衰退,与使用次数有关,也与温度有关。 (2)回收率。大约有 1% 的出厂新品因种种原因需要回收。 (3)不耐受过充。过充电时,过量嵌入的锂离子会永久固定于晶格中,无法再释放,可导致电池寿命短。 优点： (1)小型轻便:动作电压为镍镉蓄电池或是镍氢蓄电池的 3 倍,机器内只要用少数的电池即可。 (2)可连续充电:任何状态下都可以充放电以及备有不会减少放电容量的储存器可连续充电。 (3)安全、环保:过充电性强、热安全性高、未使用污染环境的镉、铅、水银等。 三、燃料电池 燃料电池不是把还原剂、氧化剂物质全部贮藏在电池内,而是在工作时,不断从外界输入,同时将电极反应产物不断排出电池燃料电池与前几种电池的差别: (1)氧化剂与还原剂在工作时不断补充。 (2)反应产物不断排出。 (3)能量转化率高,超过 80%（火力发电约 30%）,有利于节约能源。 缺点:体积较大,附属设备较多。 优点:能量转换率高、清洁、对环境好 其他燃料电池:烃、肼、甲醇、氨、煤气燃料电池……	阅读课本,查阅资料,分组讨论交流,探究锂离子电池的优缺点。 举例说出燃料电池在实际生产生活中的应用。 练习在不同的电解质环境下电极反应式的书写。 列举电池引发的污染,探讨如何解决。 交流新能源汽车的发展前景。 结合本节课所学知识,探讨交流自己未来的职业生涯规划,对化学电池的研发是否感兴趣。 查阅资料了解与化学电源有关的专业及院校	了解使用锂离子电池的注意事项。通过小组合作讨论,培养学生合作沟通能力;通过模型构建,训练了学生科学思维,提高了学生归纳总结能力。 训练学生如何正确书写电极反应式。 引导学生重视环境保护,探索绿色环保电池的研发。 引出学科渗透与生涯规划。 通过对化学电源的学习,引导学生将所学知识应用于实践,规划自己的职业,为社会贡献自己的力量

		1. 氢氧燃料电池 2. 其他燃料电池 负极区：通入 H_2、CO、CH_4、C_2H_5OH、烃类、肼、甲醇、氨、煤气等 正极区：通入 O_2、空气等氧化性气体 电解质： （1）酸性溶液 （2）碱性溶液 （3）熔融金属氧化物 （4）熔融碳酸盐 四、环保问题——电池的回收利用 1. 危害 2. 绿色环保电池 【讨论】新能源汽车的发展前景如何？ （1）政策支持 （2）技术进步 电池技术是新能源汽车的核心，其性能和成本直接决定了新能源汽车的推广和应用。 （3）市场规模 五、学科渗透与生涯规划 1. 化学与职业 电池研发与生产、生活和军事等领域的发展密切相关。电池研发人员的工作包括电池构成材料的研制、电池性能的改进和应用的拓展。许多科研机构和生产企业中，都需要具有扎实的化学基础的研究人员从事电池研发工作。 2. 电池工程师 随着电池技术的不断发展和应用范围的扩大，电池工程师成为制造业中不可或缺的职业。作为电池工程师，他们负责电池及电池系统的设计、研发、制造、测试与维护等工作。 3. 与化学电源有关的专业 （1）能源化学工程 （2）储能科学与工程 （3）新能源科学与工程 4. 相关院校介绍 （1）西安交通大学 （2）哈尔滨工业大学 （3）华中科技大学		

课堂小结	通过介绍三种常见的化学电源的结构、工作原理及性能的对比,启发学生利用化学知识去研发绿色环保高性能的化学电池造福于人类
课后作业	1.查阅资料,搜集市场上的各种化学电池,从多方面总结其利弊(性能、材料、造价、环保等方面)。 2.做一项社会调查,新能源汽车的现状及未来发展趋势
板书设计	一、常见的几种电池:一次电池、二次电池、燃料电池的原理、构造及性能的对比。 二、废旧电池的危害、回收及再利用。 三、学科渗透与生涯规划
教学反思	本节课的教学主线是按照"化学电源的发展",即按"干电池—充电电池—燃料电池"的发展线索进行设计的。在学习中不但要求学生掌握化学电池的构造、原理,还要培养学生"化学科技在不断改进创新中发展"的发展观和创新意识。为此,查阅了大量的有关化学电池的研制及使用的新资料,提炼出汽车、飞机、航天飞机等使用新电池的一些信息,向学生渗透可持续发展、环境保护、科学研究等科技创新的观念,从而培养学生的学习兴趣、创新意识,加强情感、态度、价值观和 STS 思想,在化学电池的研发方面对自己的未来职业进行生涯规划,为祖国发展贡献出自己的一份力量

《基本营养物质》教学设计方案

徐　静

课型	新授课	课题	基本营养物质	教材版本	人教版
年级	高一	课时	1课时	授课教师	徐静
课程标准	有机化合物不仅构成了生机勃勃的生命世界,也是燃料、材料、食品和药物的主要来源。辨识有机化合物分子中的碳骨架和官能团,能够从有机化合物及其性质的角度对有关饮食、健康等实际问题进行分析、讨论和评价,认识有机化合物的分子结构,以及决定其分类与性质的特征基团,进而认识有机化学反应,实现有机化合物之间的转化,合成新的物质					
教学目标	1.掌握糖类主要代表物:葡萄糖、淀粉等组成结构、重要性质和主要应用。 2.认识葡萄糖的结构和化学性质,会设计实验确定淀粉水解产物及水解程度					
教材分析	本节教学内容是人教版高中化学必修第二册第七章有机化合物第四节《基本营养物质》第一课时糖类。糖类有机物是重要的营养物质,与生命活动密切相关,在生产和生活中有广泛应用,学生根据生活常识和初中化学的学习对此已有初步了解。教材在此基础上进一步介绍糖类性质和用途,体现有机化学的应用价值。教材注意从生活经验和实验活动出发来介绍物质的性质,让学生了解糖类基本组成、特征反应与用途					
学情分析	在初中化学的学习中,学生已经初步认识了糖类是人类重要的营养物质。但是,对于糖类性质及结构和性质的关系等学生几乎不了解,无法体现化学的学科价值。虽然在本章的前三节,学生已初步具备"结构决定性质"这一核心观念,但是,前面介绍的都是含单官能团的有机小分子,而本节第一次引入含多官能团的生物大分子,有助于学生形成对有机物更为完整全面的认识。因此,本节的教学目标是帮助学生进一步认识糖类的结构和性质;同时,通过本节课的学习提高学生健康生活的意识,认识化学与科学、技术、社会的密切联系					
生涯设计	通过了解基本营养物质:糖类的结构及性质,解决实际问题,进而了解营养师的职业,激发学生学习的兴趣。通过各种各样的教学活动的设计,让不同性格、特长的学生,探讨学习的同时做好人生的职业生涯规划。 1.能够运用所学知识分析自己所学专业对应职业或职业群,理解职业对从业者的素质要求,分析本人发展条件,了解本专业社会需要,挖掘自己与职业要求相符的长处,找到存在的差距。 2.培养学生的职业素质意识,树立行行出状元信念,形成正确的职业价值取向。 3.学生在高一开始,通过各科的学习以及与生涯规划的结合,对自己的兴趣,对未来要报考的学校、专业选择和职业规划有一个较为清晰的目标					
重点难点	重点	葡萄糖结构与性质的关系				
	难点	葡萄糖结构与性质的关系				

设计思路	本节课从肥胖和糖尿病等实际问题出发,直接引出主题。在教学过程中讲述了糖类的组成和分类、存在和用途,重点讲授了葡萄糖的组成和结构、性质、用途,对于蔗糖、淀粉和纤维素的知识,是在学生具有水解反应和淀粉特征反应的基础上,设计实验,分组讨论淀粉水解产物和程度。学生不仅学习了本节课的知识解决了实际问题,还渗透生涯规划意识
教学方法	讲授法、讨论法、直观演示法、练习法、任务驱动法、自主学习法

教学过程	手段	教师活动	学生活动	教学设计意图
导入新课	课件展示(图片展示)	创设情境,从实际问题出发,直奔主题。 假如你是一名营养师,如何学习本节课的知识,怎么去解决实际问题?	解读图片,切实感受我们身边日常摄入的基本营养物质。 思考:作为营养师,应该怎么帮助别人?	由生活问题引入,易引发学生学习兴趣,感受化学在生活中使用价值,体现化学学科的社会价值。同时思考自己是否喜欢营养师职业
讲授新课	课件展示(播放视频)	任务一:糖类 阅读教材第83页,完成糖类的组成、分类、存在等。 任务二:葡萄糖 (一)葡萄糖组成与结构? (二)葡萄糖性质 1.葡萄糖溶液与新制氢氧化铜悬浊液反应有什么实验现象?该现象是哪种官能团的特性? 2.葡萄糖溶液与银氨溶液反应有什么实验现象?该现象是哪种官能团的特性? 基于对葡萄糖性质的认知,了解葡萄糖在生产、生活中的应用。 任务三:蔗糖、淀粉和纤维素 阅读教材和实验,了解蔗糖、淀粉和纤维素的化学性质。 通过学习本节内容,基本营养物质:糖类,结合自己所查阅的资料,了解营养师所学专业及学校,制定自己生涯规划	任务一:阅读教材,完成糖类的分类、存在和用途。 任务二: 1.葡萄糖分子结构中含有醛基和羟基。 2.葡萄糖溶液与新制氢氧化铜悬浊液加热时,生成砖红色沉淀,是醛基的特性。 3.葡萄糖溶液与银氨溶液反应有银生成。 任务三: 1.阅读教材,认识蔗糖水解为葡萄糖和果糖两种单糖。 2.设计实验,认识淀粉遇碘单质变蓝和淀粉水解产物葡萄糖的检验操作。 3.阅读教材,了解淀粉在人体内变化。 学习知识,收集资料,写一写对营养师职业的理解和生涯规划	生物课学习糖类基础上,用化学分类观再认识糖类,并用同分异构现象再看糖类之间关系。 在分析实验现象的基础上,促进学生从官能团角度(羟基和醛基)认识葡萄糖的化学性质,提升学生的宏观微观结合及科学探究素养,培养学生"证据推理"的学科素养。 在生物课学习的基础上,从化学学科角度重新认识"淀粉遇碘变蓝"。培养学生严谨的科学态度。 激发学生社会责任感,唤醒学生生涯意识。鼓励学生将来学习营养学专业,将来为更多的人制作合理膳食计划,保证人类健康,造福社会

课堂小结	以前学生从生物的角度了解糖类在人体的作用,今天我们又从化学的角度了解了它的组成和性质。虽然课前进行了充分的准备,比如丰富的学习资源、充分的联系生活、学生课后反馈好等,但是在课堂上还是表现不足,有很大的欠缺,比如实验的改进、语句的连贯性、板书设计和布局需更全面等。本节课达到了课前预设的提高学生科学素养、让学生从生活素材、从实践中学习化学的目的,但仍需自己努力学习并不断改进和提升
课后作业	1.设计本节课的思维导图。 2.假如你是一名营养师,利用所学知识,为中小学生制订一份合理的膳食计划。 3.完成课后习题以及固学案第一课时
板书设计	糖类 1.糖类:组成、分类、存在和用途。 2.葡萄糖:组成和结构、性质、用途。 3.蔗糖、淀粉和纤维素:水解反应、淀粉特征反应、淀粉水解产物和程度检验
教学反思	本节课中葡萄糖结构与性质的关系是难点,通过小组合作实验探究以及实验视频很好地突破了难点。通过基本营养物质的学习到营养师的生涯规划,引发学生思考职业生涯规划问题,通过研究与实验的活动,学生自己探究食品配料中的奥秘,体会到营养师可以为越来越多的人带来健康,同时也意识到科学技术是不断发展的,营养师还有很多难题没有解决,鼓励学生努力学习,将来投身到营养师的工作中去,为不同的人群构建合理的膳食方案

《化学反应与电能》教学设计方案

张 婧

课型	新授课	课题	化学反应与电能	教材版本	人教版
年级	高一	课时	1课时	授课教师	张婧
课程标准	知道化学反应可以实现化学能与其他能量形式的转化,以原电池为例认识化学能可以转化为电能,从氧化还原反应的角度初步认识原电池的工作原理;体会提高燃料的燃烧效率、开发高能清洁燃料和研制新型电池的重要性				
教学目标	1.通过实验探究,体验化学能与电能相互转化;了解原电池的工作原理和构成原电池的条件。 2.运用氧化还原反应理论分析电池反应方程式和电极反应式。 3.通过对水果电池的实验探究,归纳总结原电池的构成条件。 4.通过"小橘灯"的制作,激发学生学习化学的兴趣,增强学生对追求科学真理的积极情感,体验科学探究,增强学习化学的责任感和使命感				
教材分析	"化学反应与电能"是高一化学必修二(2019人教版)第六章第一节第二课时的内容,是高中阶段重要的化学基础理论知识,必修第二册只要求学生知道简单的单液原电池及工作原理。从教材体系看,它是学生之前所学的氧化还原反应、元素化合物、电解质溶液、化学反应与能量变化等知识的应用与发展,又是学生后续学习选修"化学反应与电能"的理论基础				
学情分析	从高一学生的生活经验和学习特点来看,他们知道生活中常见的电池及其产品,已具备了一定的化学基础知识,并掌握了氧化还原反应理论知识,对化学反应与能量守恒有了一定的认识,具备了一定的实验操作、观察分析和归纳总结能力,但实验设计能力及抽象概念构建能力相对较薄弱				
生涯设计	高考改革正式推动后,把人生选择前置,所以让学生在高一就开始认识和考虑自己的专业方向问题是必要的。化学反应与电能是高中化学的重要内容之一,学生对学习了本节内容对自己的生涯规划有何联系并不清晰,因此需要建立起学科知识与生涯规划教育之间的融合,让学生对于学习电化学知识有一个整体的规划,有助于学生对未来的发展方向有着明确的认知,并建立正确的价值观和人生观				
重点难点	重点	理解氧化还原反应与原电池原理之间的联系,了解原电池的形成条件,分析简单原电池的工作原理			
	难点	原电池的工作原理和原电池装置的设计			

设计思路	从冰心的文学作品入手,创设情境引入新课。通过实验探究、问题驱动、小组合作等方式,引导学生学习新知,并将学到的化学知识迁移到生活中的化学电源上,做到学以致用,使学生感受到所学知识对社会发展起到的重要作用,从而把生涯规划教育渗透到化学学科教学中,有利于学生就业观念和职业观念的形成,为未来的电池技术能有更大的突破做出贡献			
教学方法	实验探究法、小组合作法、讨论法、提问法			
教学过程	手段	教师活动	学生活动	教学设计意图
导入新课	课件展示	冰心的《小桔灯》里曾有一句话:"天黑了,路滑,这盏小桔灯照你上山吧!"文章里的小桔灯是用蜡烛放在橘皮里做成的。你知道吗?利用化学知识可以用橘子来制作真正的"小橘灯",这就是今天我们要学习的内容原电池。那么什么是原电池?其工作原理是什么呢?让我们带着问题进入本节内容的学习	思考如何利用化学知识制作真正的"小橘灯"?	从冰心的文学作品入手,创建情景,通过"原电池"让小橘灯亮起来,激发学生的学习兴趣,调动学生探讨问题的积极性,引入新课
讲授新课	课件展示(播放原电池工作原理动画)	环节一:装置初识 根据课本第36页实验6～3,完成锌铜原电池实验 药品仪器:锌片、铜片、稀硫酸、烧杯、导线、电流表、砂纸等。 实验步骤: (1)将锌片和铜片插入盛有稀硫酸的烧杯中,观察现象。 (2)用导线连接锌片和铜片,观察、比较导线连接前后的现象。 (3)用导线在锌片和铜片之间串联一个电流表,观察电流表的指针是否偏转。 思考与交流 1.电流如何产生?(从氧化还原反应角度分析锌片和铜片上发生的反应) 2.实验中能量的转化关系是怎样的?	【学生活动1】学生小组代表做演示实验,学生汇报实验现象。实验现象一:铜片表面无现象,锌片表面有气泡;实验现象二:铜片有气泡,锌片溶解;实验现象三:电流表指针发生偏转,产生电流。 【学生活动2】小组讨论,完成思考交流问题	通过实验探究、小组思考交流的一系列问题设置,循循善诱,使学生的思维认知不断深入

讲授新课	通过实验探究,理解和探索构成原电池的条件。教师提出问题,引领学生思考,并分析归纳构成原电池的要素和需要注意的问题。展示身边的化学电源,引导学生将所学知识得以运用,将化学知识和生涯规划教育融合	环节二:从微观角度分析原电池的工作原理 教师播放原电池工作原理的动画,请学生自主分析外电路电子流向,内电路阴阳离子的流向。 【评价任务】 例1:下列关于下图所示装置的叙述,错误的是( )。 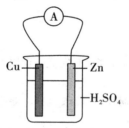 A. 锌是负极,其质量逐渐减小 B. 氢离子在铜表面被还原,产生气泡 C. 电流从锌片经导线流向铜片 D. 电子从锌片经导线流向铜片	学生组内交流,组内成员展示: 外电路:电子从负极经导线流向正极。 内电路:带正电荷的阳离子流向正极,带负电荷的阴离子流向负极。带电粒子定向移动,形成闭合回路,实现化学能转变成电能。 学生认真做题	运用宏观—微观—符号三重表征,让学生了解原电池的概念和工作原理,突出本节的教学重点"原电池的工作原理",落实"宏观辨识与微观探析""变化观念与平衡思想"素养。检测学生对原电池原理的掌握情况

| 讲授新课 | | 环节三：探究原电池的形成条件
指导学生完成课本第 37 页探究实验,水果电池的设计与制作。
目的：根据原电池原理,设计水果电池,体会原电池的构成条件。
用品：水果(橘子、柠檬或猕猴桃等),锌片、铜片、铁片、铝片等金属片,导线、电流表、砂纸等。
实验步骤：参考图片所示水果电池,自选水果及相关用品,制作水果电池,观察实验现象,并在学案上做好记录。
教师提出问题,小组进行交流,教师进入各小组进行指导。
【问题与讨论】
1.水果电池中,水果中的果汁的作用是什么?
2.铁片、铜片在水果电池工作中起到什么作用?
3.通过比较不同材料做电极的水果电池,你是否发现电极材料的选择有哪些值得注意的问题?
4.通过以上实验,分析归纳原电池的构成条件有哪些?

 | 【学生活动1】水果电池的设计与制作（课本 P37 探究实验）学生设计水果电池实验方案,分组实验,学生汇报
【学生活动2】学生分组汇报实验选择用品、实验操作和实验结果。其中 4 组还做了新的尝试,将橘子切两半,分别插入铜片和锌片,用到导线连接好电流表,发现电流表指针没有发生偏转,后将切开的橘子紧紧贴在一起,发现电流表指针发生偏转。学生通过此实验说明形成闭合回路是原电池构成的一个要素 | 在理解原电池工作原理的基础上,通过探究水果电池的设计与制作,进一步探究原电池的构成条件,从而构建原电池的学习模型,培养学生科学探究与创新意识,证据推理与模型认知的科学素养 |

		环节四:体悟应用 寻找身边的化学电源。阅读课本第38页,了解其工作原理。 【问题】废旧电池能否随意丢弃? 让学生切身感受化学电源为高品质生活带来的便利,进一步强化对原电池原理的认识,为下一节化学电源的学习做准备	阅读课本,小组讨论,相互交流,分享自己的想法和感悟	通过对"废旧电池能否随意丢弃"问题的讨论,提升环保意识,充分落实"科学态度与社会责任"素养
讲授新课		环节五:生涯引导 教师讲解化学学科的学科设置、电化学的就业方向、电池研发人员的就业现状和职业前景、电化学专业对应大学介绍等。 主要介绍电池研发人员: 电池研发与生产、生活和军事等领域的发展密切相关。电池研发人员的工作包括电池构成材料的研制、电池性能的改进和应用的拓展等。这些研究工作关系着电池的效率、寿命、安全性、适用性和制造成本。在许多科研机构和生产企业中,都有具备着扎实的化学基础的研究人员从事电池研发工作	学生进行小组讨论和角色扮演,探讨化学领域的职业规划和人生目标	通过对电化学知识的学习,让学生了解电化学所带来的职业与生涯规划教育建立一个桥梁,对学生树立正确的人生观和价值观起重要作用,帮助学生明确自己的目标和方向,并对三年的高中学习有一个整体的规划
课堂小结	通过"小橘灯"的制作,激发学习化学兴趣,完成了学生对原电池的工作原理和构成原电池的条件的理解。并能运用氧化还原反应理论分析电池反应方程式和电极反应式。通过生活中常见化学电源的实例,感悟学习电化学知识的重要性和电化学与职业联系			
课后作业	课后查阅资料,了解生活中常见化学电源的种类、原理和优缺点等,以小组为单位绘制与化学电源相关的化学小报			
板书设计	原电池 1.定义:将化学能直接转化为电能的装置。 2.锌铜原电池的工作原理: 总反应离子方程式:$Zn+2H^+ = Zn^{2+}+H_2\uparrow$ 负极(Zn)$Zn -2e^- = Zn^{2+}$ (氧化反应) 正极(Cu)$2H^++2e^- = H_2\uparrow$(还原反应) 3.原电池的形成条件:两极一液一反应成回路			

教学反思	1.本节课以"小橘灯"的制作创设的情境引发真实化学问题,并以此为线索进行教学。通过结构化和驱动性的问题与任务,引导学生设计实验,发展学生的探究能力,获得关于原电池的结构化基本认知。 2.本节课的不足之处是没有给学生充分的讨论时间和自由发表意见的机会,有的学生没有把自己的想法表达出来,所以课后我会继续完善与学生的交流,也是对学生探究精神的一种肯定和保护。 3.电化学是高中化学的重要内容之一,为生活中的化学电源设计与研发提供了理论基础。学生通过对电化学内容的学习,了解生活中常见化学电源的原理,感悟学习电化学知识的重要性和电化学与职业建立联系,从而构建化学学科与生涯规划教育的融合

生涯规划在高中生物教学中的引领

《基因工程的应用》教学设计方案

于 鹏

课型	新授课	课题	基因工程的应用	教材版本	人教版
年级	高二	课时	1 课时	授课教师	于鹏
课程标准	举例说明基因工程在农牧业、食品工业及医药卫生领域的广泛应用改善了人类的生活品质				
教学目标	1. 举例说出基因工程在农牧业、医药卫生和食品工业等方面的应用。 2. 认同基因工程的应用价值。 3. 关注基因工程的进展				
教材分析	本节内容旨在通过学习了解基因工程在农牧业、食品工业及医药卫生领域的广泛应用及发展前景,用国际、国内重大科技成果的素材,开阔学生的视野,增强他们奋发图强的紧迫感;培养他们自强不息的民族精神,从而唤起他们学习的积极性。在教学过程中要注重培养学生收集处理信息的能力,使学生认同科技成果的应用能够推动社会生产力的提高,认识科学成果与社会发展的联系				
学情分析	本节课的学习是在学生学习了"DNA 重组技术的基本工具"和"基因工程的基本操作程序"的基础上进行的,学生对于基因工程的重要性和流程都有了较为系统的学习,但是对现实生活中的转基因产品并不了解,有的学生并没有真正掌握基因工程的基本操作流程,他们对本节课的学习,往往从听一些新奇的实例而来,只知其然而不知其所以然				
生涯设计	本专题中的基因工程属于生物科技前沿内容,学生比较感兴趣,但却不知有哪些途径可以链接到自己的兴趣所在。根据本节的教学内容特点,有意识地给学生渗透相关的专业和将来可以从事的行业,目标指向性更加明确,可以更好地解决学生与前沿科技之间存在的断层,形成生物学科方面的职业生涯意识,为学生主动认识自我,认清个人兴趣所在,以及为今后的职业选择提供可行性建议				
重点难点	重点	基因工程在农牧业、医药卫生和食品工业等方面的应用			
	难点	乳腺生物反应器			

设计思路	本节课由基因工程生产的重组人胰岛素作为切入点,引出基因工程的应用。分别向学生介绍基因工程在农牧业、医疗卫生、食品工业等方面的应用,从而让学生认同基因工程的产品日益丰富,融入了人类生活的多个方面。其中重点介绍我国第一个基因工程药物的研制和生产,这可以激发学生的爱国情感,侯云德院士的事迹介绍也为学生树立了榜样。通过对基因工程应用中实例的讲解,让学生认识到学习相关专业知识可以为人类创造更多的价值
教学方法	讲授、小组讨论、师生共同归纳

教学过程	手段	教师活动	学生活动	教学设计意图
导入新课	课件展示	展示学习目标	学生阅读学习目标	明确本节课学习任务
		【导入】 胰岛素是治疗糖尿病的特效药物。传统生产胰岛素的方法产量少且价格昂贵,1978 年科学家将编码人胰岛素的基因导入大肠杆菌细胞中,使大肠杆菌成功表达出重组人胰岛素,大大降低了生产成本,除了生产胰岛素,基因工程还有哪些应用呢?	初步了解基因工程在实际生活中的应用,感受基因工程的伟大之处	创建熟悉的情景,激发学生的学习兴趣,调动探索问题的积极性
讲授新课	课件展示(板书)	一、基因工程在农牧业方面的应用 【指导阅读】 让学生阅读课本,回答基因工程在农牧业方面的应用,以小组为单位,从为什么要做,怎么做,以及成果等方面进行梳理,完成学习任务卡上的表格。 表格见下方 【展示】 教师根据学生回答情况,补充基因工程在农牧业方面的应用	阅读课文,回答问题。学生阅读课本并整合课本中的相关信息且利用已有知识思考回答	训练学生获取信息、提炼信息、整合信息的综合能力

表格内容:

项目		为什么做	怎么做	成果
植物	抗虫			
	抗病			
	抗除草剂			
	改良植物品质			
动物	提高生长速率			
	改良畜产品品质			

| 讲授新课 | 课件展示 | 二、基因工程在医药卫生领域的应用
【过渡】
前面我们知道了利用基因工程生产胰岛素,其实基因工程生产的药物还有许多包括细胞因子、抗体、疫苗和激素等。
【提问】
结合前面所学的基因工程和发酵工程过程说出生产重组人胰岛素的过程。
【展示】
展示教材中"资料卡"干扰素的内容,介绍中国干扰素之父——侯云德院士的事迹。
【引出】
基因工程菌的概念。
【提问】
利用基因工程菌生产药物的优势。
【过渡】
科学家发现利用微生物生产基因工程药物时,会出现产物活性不高,提纯困难的问题。
【指导阅读】
让学生阅读与乳腺生物反应器有关的内容,以小组为单位讨论并回答以下问题。
1.获得乳腺生物反应器和普通的培育转基因动物有什么区别?
2.绘制利用基因工程获得乳腺生物反应器的流程图。

3.用动物乳腺作为反应器生产药用蛋白的优点和缺点有哪些?
教师根据学生回答并总结提炼:
优点:产量高、质量好、成本低、易提取。
缺点:容易受时间和性别的限制
【过渡】
基因工程还能解决器官短缺的难题。
【指导阅读】
让学生阅读教材中相关内容回答下列问题。
1.选用猪作为供体器官的原因是什么?
2.怎样解决器官移植中免疫排斥的问题? | 学生思考、回答问题。
阅读资料,感受我国科学家重要贡献。
学习概念。
学生思考与教师共同总结出优点:效率高、解决原料不足的问题、成本低。
学生思考,回答问题:
1.需要在目的基因的序列前加上乳腺中特意表达的基因启动子。
2.在教师引导下绘制流程图。
学生讨论回答问题。
阅读教材,找到问题答案 | 引导学生巩固和应用所学的知识。
为学生树立榜样,激发学生的爱国情感。
让学生认同基因工程在制药领域的前景。
引导学生注意到基因表达时启动子的重要作用。
绘制流程图,帮助学生巩固和综合运用所学知识。
让学生了解基因工程在医药卫生领域的其他应用 |

讲授新课	课件展示	三、基因工程在食品工业方面的应用 【展示】 基因工程在食品工业方面的应用实例:阿斯巴甜、凝乳酶、淀粉酶和脂酶的相关资料。 【过渡】 基因工程使人们更容易培育出具有优良性状的动植物品种,获得很多过去难以得到的生物制品,甚至还能培育出可以降解多种污染物的"超级细菌"来处理环境污染,利用经过基因改造的微生物来生产能源……未来,期待基因工程带给我们更多的惊喜。 基因工程带给人类如此多的便利,带来了众多领域的巨大变革,让未来有无限种可能,如果以后想从事这方面的研究,大学都有哪些可以选择专业呢?	阅读资料,了解基因工程在食品工业方面的应用。 学生思考,并且感受到基因工程技术对人类社会的贡献	联系食品工业进一步让学生体会到基因工程在生产和生活中的价值。 激发学生的社会责任感,唤醒学生生涯意识。鼓励学生将来学习生物工程相关专业,创造出基因工程在更多领域的应用,造福社会
		【展示】 向学生介绍关于生物工程专业比较知名的大学,同时提供与这些专业相关的职业		帮助学生了解相关专业及职业,帮助学生提高职业生涯规划意识
课堂小结		基因工程应用 { 农牧业方面:转基因抗虫植物、抗病植物、抗除草剂植物、改良植物品质、提高动物的生长速率、改善畜产品品质 医药卫生领域:乳腺生物反应器、器官移植工厂 食品工业方面:生产食品工业用酶等		
课后作业		1.完成课后练习题。 2.完成本节课最后提出的思考题,并给出思考结果		
板书设计		3.3 基因工程的应用 一、基因工程在农牧业方面的应用 二、基因工程在医疗卫生领域的应用 1.乳腺生物反应器 2.基因工程菌 三、基因工程在食品工业方面的应用		

教学反思	亮点:本节课主要学习了基因工程在农牧业、医药卫生、食品工业方面的应用,从生活实际的多个方面入手,通过对基因工程技术的学习和它在实际生活中的应用,学生被这种技术的发展所震撼,体会到基因工程给人类生活带来的巨大便利,同时也意识到科学技术是不断发展的,还有很多难题没有解决,鼓励学生努力学习,为学生在大学时期专业的选择甚至未来职业的方向提供了一个途径,唤起学生关于职业生涯规划方面的意识,将来投身到生物工程的研究中去,造福社会。 不足:本节课中乳腺生物反应器生产药用蛋白的过程是难点,学生通过小组合作构建流程图能较好突破难点,但是学生小组合作能力不强,还应继续加强学生小组合作的训练。同时学生对于学科专业领域掌握的信息比较少,教师在课下要及时获取和更新自己的教学资源库,为学生的职业生涯规划提供更多的指导性建议

《人类遗传病》教学设计方案

孙窗舒

课型	新授课	课题	人类遗传病	教材版本	人教版
年级	高一	课时	1课时	授课教师	孙窗舒
课程标准	注重与现实生活的联系,使学生能够举例说明人类遗传病是可以检测和预防的;创造条件让学生参与调查、观察等实践活动,引导学生从生活中发现和提出问题;培养学生知识迁移的能力,如运用遗传和变异的相关知识,分析和解释现实生活中的遗传学应用				
教学目标	1. 比较分析常见遗传病,归纳概述遗传病的定义、主要类型及特点。 2. 关注遗传病给人类造成的危害,探讨总结人类遗传病的检测和预防措施。 3. 调查某种人类遗传病的发病率,阐明其遗传规律和致病机理,体会调查的基本思路和方法				
教材分析	本节为人教版必修二第五章第三节,是本章前两节内容的自然延伸,从自然界普遍存在的基因突变和染色体变异,延伸到与人类自身关系更密切的遗传病,符合学生认知规律。本节内容与生活紧密联系,可以渗透社会责任教育,对提高人类生活质量和人口素质有现实意义				
学情分析	学生通过学习《基因突变》一节中镰刀型贫血症的相关内容,已初步认识到遗传物质改变会引起遗传病,且掌握了基因重组、染色体变异等遗传和变异的基础知识。但学生可能难以区分遗传病和先天性疾病,对于如何调查人群中的遗传病无从下手,授课过程中需要重点解决				
生涯设计	巧妙利用本节内容可以激发学生的社会责任感,唤醒学生生涯意识,鼓励学生学习遗传学、医学相关专业,将来可以选择从事遗传咨询师的工作。随着高通量测序、基因芯片等技术的快速发展,面对我国人口自然增长率开始出现负增长,不孕不育、出生缺陷问题频发等现状,个人和社会对遗传咨询工作的需求日益迫切。遗传咨询师能够对家族遗传病的病因、遗传方式、诊断、治疗、预防、复发风险等问题进行详细解释,能够帮助咨询者理解和适应遗传对健康的影响,为其提供风险信息和心理社会支持。遗传咨询贯穿于婚前、孕前、产前以及产后各阶段,为咨询者做出知情的医疗决策提供不可或缺的理论支持,这与许多家庭的幸福安康相关,涉及家庭成员的切身利益,是一项非常有意义并受人尊敬的工作				
重点难点	重点	1. 人类常见遗传病的类型。 2. 遗传病的检测和预防方法			
	难点	组织和开展好人类遗传病的调查			

设计思路	布置预习、分组调查→导入新课、展示目标→合作探究、角色扮演→课堂总结、生涯渗透			
教学方法	调查法、图表归纳法、启发性教学、赏识性评价			
教学过程	手段	教师活动	学生活动	教学设计意图
导入新课	课件展示(播放视频)	创设情景,激发学生学习兴趣:播放一段介绍遗传病的视频,导入新课。 通过"肥胖症"问题探讨引出遗传病。 展示本节教学目标	了解遗传病的基础知识	图文声像引起学生学习兴趣,激发探究欲望
讲授新课	课件展示、合作探究、角色扮演、板书总结	任务一:构建遗传病的概念 提问:疾病都是遗传病? 哪些是遗传病? 艾滋病、骨折、SARS、细菌性痢疾、白化病、色盲、血友病、抗维生素 D 佝偻病、狂犬病、猫叫综合征、青少年型糖尿病。 总结先天性疾病、遗传病、传染病的区别	区分遗传病、传染病和先天性疾病,说出分类依据	透过现象看本质,把握遗传病的本质
		任务二:分析归纳遗传病的类型及遗传特点 设置问题串,让学生围绕问题阅读教材: 1.人类常见的遗传病类型有哪些? 2.遗传病患者一定携带致病基因吗? 3.人类遗传病只与遗传物质有关吗? 4.举例说明人类遗传病的遗传规律。 课件展示单基因、多基因、染色体异常遗传病的相关图片,师生共同归纳出各类遗传病的遗传特点	围绕问题阅读、思考、回答。必要时可进行小组讨论。总结常见遗传病的类型及特点	基于生物学事实,运用比较分析和归纳概括的方法,探讨和阐明生命现象及规律,深化对遗传病的认识
		任务三:探究实践调查人群中的遗传病 遗传病的调查是反映人口素质的重要依据,对开展优生优育有重要指导意义。请小组展示他们对某种遗传病的调查情况。 教师引导学生分析和评价调查结果,解释调查时存在的问题,提出相应的解决方法	小组代表先后介绍调查情况。相互提出改进意见	小组合作,培养学生合作沟通能力,调查研究训练学生科学思维,提高归纳总结能力

讲授新课	课件展示、合作探究、角色扮演、板书总结	任务四:遗传病的检测和预防 设置问题串,引导学生思考和讨论: 1.尝试解释禁止直系血亲和三代以内的旁系血亲结婚的法律依据是什么? 2.高龄产妇怎样才能生出一个健康的孩子? 3.遗传咨询的内容和步骤有哪些?须具备什么基础知识? 4.结合生活实际,说说产前诊断有哪些方法? 5.对遗传病进行检测和预防有什么意义? 6.分析基因检测的利弊,说出个人观点。 【角色扮演】两人一组进行角色扮演,分别扮演遗传咨询师和咨询者,解决两个实际问题。 总结遗传病的检测和预防贯穿于从婚姻到生育的整个过程。现代科学技术是一把双刃剑	理解法律,提出依据。运用遗传学知识,分析遗传病发病原因和规律。了解遗传咨询的流程。理解现代科学技术具有双重作用	引导学生从社会角度思考问题,参与解决社会事务。 提升学生社会责任感,唤醒生涯意识。鼓励学生将来学习遗传学、医学相关专业,从事遗传咨询师的工作,服务社会
课堂小结	人类遗传病通常是由遗传物质改变而引起的人类疾病,包括单基因、多基因、染色体异常遗传病。遗传病的检测和预防,如遗传咨询、产前诊断等,在一定程度上能有效地预防遗传病			
课后作业	进一步探究基因诊断、基因芯片、基因治疗的相关问题,密切关注和积极参与相关社会议题			
板书设计	人类遗传病 1.概念 2.类型及特点{单基因遗传病 多基因遗传病 染色体异常遗传病 3.调查人群中的遗传病 4.遗传病的检测和预防:遗传咨询和产前诊断(遗传咨询师)			

教学反思	本节课主要包括人类常见遗传病的概念、类型、遗传特点，以及检测和预防等内容。 重难点突破：对于重点内容，由问题串引导学生充分思考，问题层层递进，学生的认知水平逐渐上升，循序渐进地构建生物学概念。并通过提前布置任务和课堂有效反馈突破教学难点，引导学生做好调查准备工作，分小组合作，在真实情境中运用生物学知识。 生涯渗透：角色扮演的课堂活动增加学生职业代入感，唤醒职业生涯意识，让学生体会到课堂上学习的遗传学理论、遗传病的发病规律等理论知识能够切实运用到某一类职业工作中。此外，对于学生比较陌生的遗传咨询师的职业描述、工作内容等信息进行简单的介绍，让学生了解从事相关工作应学习什么专业、具备什么素质、怎么做才能成为一名合格的遗传咨询师。生涯渗透丰富了学生的职业知识，并通过真实体验让学生树立起职业发展的观念，让学生能够充分认识自我，结合自身特点树立远大的人生目标，对其未来发展具有积极作用

《细胞中的糖类和脂质》教学设计方案

刘　畅

课型	新授课	课题	细胞中的糖类和脂质	教材版本	人教版
年级	高一	课时	1 课时	授课教师	刘畅
课程标准	概述糖类有多种类型,他们既是细胞的重要结构成分,又是生命活动的主要能源物质;举例说出不同种类的脂质对维持细胞结构和功能有重要作用				
教学目标	1.举例说出糖类的种类和作用,阐明糖类既是细胞结构的重要组成成分,又是生命活动的主要能源物质。 2.举例说出脂质的主要种类和作用。 3.举例说出糖类和脂质的相互转化。 4.使学生了解未来职业选择,加强学生的职业道德意识,树立学生积极且正确的职业观				
教材分析	《细胞中的糖类和脂质》选自高中生物人教版必修一第二章第三节的内容。本节课主要内容是细胞中糖类的分类及其作用,明确了糖类是生命活动的主要能源物质,又是细胞中重要结构,还包括脂质的分类及对生物体和细胞的重要作用,以及二者的相互转化				
学情分析	本节课的授课对象是高一新生,他们在日常生活中已接触到大量的糖类和脂质,具有一定的观察和认知能力,但了解并非十分准确,由于学生已经学习了检测还原糖和脂肪的实验,具备初步探究实验的能力,但逻辑推理连续性以及分析归纳的能力还需提高。因此,在本节课授课过程中,应充分调动学生的积极性,教师可借助多媒体教学,方便学生理解记忆				
生涯设计	日常生活中食物的摄入,直接影响着人们的健康。随着生活水平的提高,越来越多的人意识到健康饮食的重要性,因此营养师也逐渐进入大众的视野。学生通过学习本节课内容,建立所学知识(细胞中的糖类和脂质)与营养师这门职业的联系。在新授课过程中逐步渗透学生未来职业生涯规划教育,且这一内容主要链接在本节内容讲解完毕之后,并结合相应的教学目标与方法加以达成				
重点难点	重点	1.糖类的种类和作用。 2.脂质的种类和作用			
	难点	糖类与脂质的相互转化			

设计思路	通过学习《细胞中的糖类和脂质》,让学生掌握日常生活中所摄入糖类和脂质的相关知识,并认识到合理膳食的重要性,从而渗透营养师这门职业,帮助学生答好职业选择的"考卷",擦亮奋斗的青春底色			
教学方法	讲授法、讨论法、多媒体辅助教学法、问答法			
教学过程	手段	教师活动	学生活动	教学设计意图
导入新课	课件展示	【展示】 在杭州第 19 届亚运会中,各项目取得优异成绩的运动员照片。 运动员日常训练强度大,饮食营养健康会直接或间接影响运动员的身体机能,团队通常会配有专业的营养师,由此引出营养师指导运动员科学合理地进行营养搭配的问题,引导学生思考:我们日常生活中摄入食物的不同,也会直接影响我们身体的营养搭配与健康状况,如何保证饮食结构的营养科学? 食物中哪些成分为生命活动提供能量? 从而引出讨论对象:细胞中的糖类和脂质	学生思考问题,利用储备的知识积极作答	通过近期体育热点话题,活跃课堂气氛,激发学生兴趣以及讨论热情。初步引入与本节课相关联的职业——营养师
讲授新课	课件展示、合作探究、角色扮演	【活动一】 提出问题,指导学生阅读教材第 23 页内容。 (1)糖类的基本组成元素?(为什么糖又称碳水化合物,而后怎么发现是错误的呢?) (2)糖类的分类? (3)糖类的分布和功能? 学生作答完毕后,教师引导学生从单糖开始依次学习,随机抽取学生完成表格。 学生忽视的重点再由教师补充讲解,帮助学生构建整体概念。 最后引出单糖的概念	阅读教材,尝试回答问题,完成表格	通过"碳水化合物"的错误俗称使学生理解为什么糖的种类分为五碳糖和六碳糖。 培养学生自主阅读、分析问题的能力,锻炼学生总结归纳的能力,为后续教学任务的开展夯实基础

表格(嵌入教师活动栏):

单糖的种类		功能	分布
五碳糖	脱氧核糖		
	核糖		
六碳糖	半乳糖		
	果糖		
	葡萄糖		

	课件展示、合作探究、角色扮演	【活动二】 多媒体展示二糖的结构式,教师指导学生分析二糖的组成及其水解产物。请几位学生到讲台上演示二糖形成过程。 麦芽糖——葡萄糖+葡萄糖 乳糖——半乳糖+葡萄糖 蔗糖——果糖+葡萄糖 分析二糖的功能和分布,举例说明以上所学的二糖与日常生活、生产应用等方面的联系,例如输液时能否输入麦芽糖?乳糖不耐受的原因?冰糖葫芦的糖衣是否为二糖等	学生通过演示活动,加深对于二糖形成过程的理解。 举一反三,将所学知识与生活联系,进行头脑风暴	所学知识联系实际生活,提高学生的幸福感和成就感的同时,丰富了相应知识
讲授新课	课件展示、互动提问	【活动三】 展示课本第24页图2-3,分别讲解淀粉、糖原、纤维素、几丁质这四种多糖,从种类、功能和基本组成单位三方面展开,并提问:为什么图中的多糖组成单位相同,功能相差却很大? 淀粉:主要存在于玉米、小麦、水稻的种子等。植物体内的储能物质;最常见的多糖;人体摄入的淀粉必须经过消化分解为葡萄糖才可被细胞吸收。 糖原:主要存在于肌糖原和肝糖原(强调肌糖原与肝糖原的区别)。人和动物细胞的储能物质。 纤维素:主要存在于棕榈和麻类植物中。细胞壁的主要组成成分;不同于水,在人和动物体内难以被消化,食草动物借助微生物分解纤维素。 几丁质:甲壳类动物和昆虫的外骨骼。废水处理、食品添加剂、制作人造皮肤等。 联系生活,引导学生辨析易错点: (1)"无糖"的概念是完全没有糖的存在吗? (2)糖类都甜吗? (3)甜的物质都是糖吗? 教师讲解为什么纤维素被称为人类的"第七类营养素"? 教师讲解以上所学的糖类哪些属于还原糖,哪些不属于还原糖,顺带复习之前所学还原糖检测实验	认真思考,积极踊跃交流PPT所展示的问题,并认真做记录。 与旧知识(检测细胞中的还原糖)相联系	培养学生批判性思维;加深对重点的理解,并能与之前所学知识相结合,对糖类有整体的认知;贯彻生物学思想,结构决定功能

讲授新课	课件展示、互动提问	【活动四】 展示红烧肉、食用植物油的照片。指出它们的主要成分是脂肪,而脂肪属于脂质的一种,讲解脂肪的分子结构及基本组成单位。引导学生自主阅读教材第25—27页内容,完成表格: 表格: 种类 / 元素 / 功能 / 注意事项 脂肪 磷脂 固醇 引导学生不要因为不良宣传,而过度追求减肥,要以健康为美,认识到任何事物都过犹不及	阅读教材第25—27页内容,完成表格	培养学生自主阅读、总结归纳的能力。 给学生树立正确的审美观
	课件展示、互动提问	【活动五】 教师介绍糖类和脂肪的相互转化及特点	学生认真记笔记,掌握本节课难点内容	对难点知识进行点拨
		【活动六】 联系实际,自主探究 引导学生自主阅读第25页的"与社会的联系"一栏,根据《中国居民膳食指南(2022)》提出的"控糖"建议。我们应如何控制日常对糖的摄入?应该给糖尿病患者怎样的建议? 通过课下搜集的资料,对职业规划教育进行过渡:羽毛球、篮球等项目对反应速度有要求,需补充大量的碳水化合物、碱性食物等,所以营养师会在日常饮食中多搭配黄瓜或藕等蔬菜,主食主要是牛肉、米饭等;而偏技术型的运动如:棋牌、体操等,消耗体能低,但要求高专注力,要严格把控饮食中脂肪的占比,合理摄入钙元素与蛋白质,以减轻赛前压力	学生阅读并思考作答。 学生认真听讲,初步了解营养师这门职业	利用所学知识,重视合理饮食搭配,养成健康饮食的好习惯。 培养社会责任的生物核心素养
		【活动七】 渗透职业规划教育——营养师 播放"羽毛球世界冠军陈金的饮食介绍"的视频。教师介绍营养师职业基础知识与技能要求、报考相近的专业与大学、就业方向、工作形式	学生了解并思考未来职业的选择	将职业规划教育渗透教材知识中,落实立德树人的根本任务

课堂小结	1.糖类的基本组成元素、分类和功能。 2.脂质的基本组成元素、分类和功能。 3.糖类和脂肪的相互转化
课后作业	充当营养师一角,设计家人一天的营养食谱
板书设计	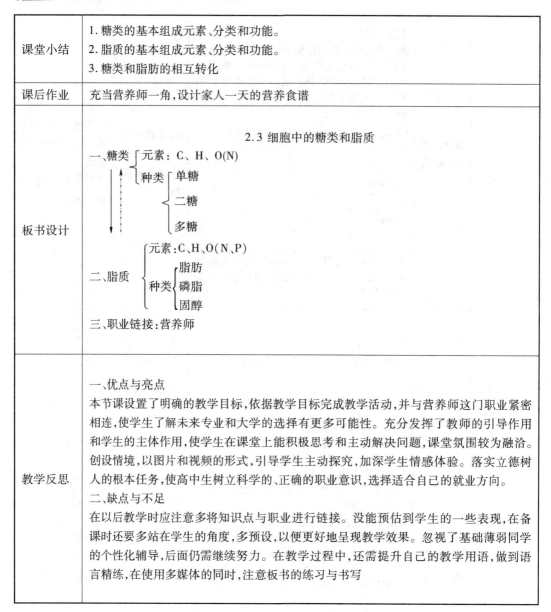
教学反思	一、优点与亮点 本节课设置了明确的教学目标,依据教学目标完成教学活动,并与营养师这门职业紧密相连,使学生了解未来专业和大学的选择有更多可能性。充分发挥了教师的引导作用和学生的主体作用,使学生在课堂上能积极思考和主动解决问题,课堂氛围较为融洽。创设情境,以图片和视频的形式,引导学生主动探究,加深学生情感体验。落实立德树人的根本任务,使高中生树立科学的、正确的职业意识,选择适合自己的就业方向。 二、缺点与不足 在以后教学时应注意多将知识点与职业进行链接。没能预估到学生的一些表现,在备课时还要多站在学生的角度,多预设,以便更好地呈现教学效果。忽视了基础薄弱同学的个性化辅导,后面仍需继续努力。在教学过程中,还需提升自己的教学用语,做到语言精练,在使用多媒体的同时,注意板书的练习与书写

板书设计内容:

2.3 细胞中的糖类和脂质

一、糖类 元素:C、H、O(N)
种类 单糖
二糖
多糖

二、脂质 元素:C、H、O(N、P)
种类 脂肪
磷脂
固醇

三、职业链接:营养师

附　录

赤峰学院附属中学
创建市级特色高中学校框架设计

根据赤峰市委、市政府《赤峰市推动教育高质量发展的实施意见》以及赤峰教育未来三年的工作思路,赤峰学院附属中学坚持以习近平新时代中国特色社会主义思想为指导,深入学习贯彻党的二十大精神,全面贯彻党的教育方针,以铸牢中华民族共同体意识为主线,落实立德树人根本任务,坚定不移实施高中育人方式改革。学校依照"控制规模、内涵发展,分类指导、多样发展"的思路,积极推动普通高中教育优质、特色、多样发展,努力建成市级、自治区特色高中。

一、发展目标

以"特色学科"校本课程建设为切入点,加强体育、美术等特色课程基地建设和特长生培养。以实践活动育人和高中学生生涯指导为重点特色项目,争创 2024 年"市级特色高中",同时申报创建"自治区特色高中",在高考升学路径上真正实现"发展重特色多元化""出口多渠道国际化",致力于打造赤峰名校。

二、学校定位

坚持文化引领,秉承"天行健,人自强"的校训,践行"为学生终身发展奠基"的办学理念,以"实践活动育人"和"高中学生生涯指导"为办学特色,努力把学校办成拥有现代教育理念、特色鲜明的品牌高中学校。

三、工作项目

(一) 以高中学生生涯规划教育为特色重塑育人品牌

1.活动宗旨

根据《国务院办公厅关于新时代推进普通高中育人方式改革的指导意见》对于学生发展指导的目标、具体措施和途径,开展普通高中生涯规划教育,引导学生在高中这一个性形成、学业发展、人生抉择的重要阶段,开阔眼界、打开格局、提升境界、丰富自己。

2.活动目标

(1)建立"三级发展指导模式"

高一年级:

A. 积极进行自我探索；

B. 培养良好的生活态度；

C. 做好时间规划及管理,培养良好的学习态度及读书习惯；

D. 善用生涯信息与建立个人档案；

E. 加强学科实力；

F. 了解学考、选考政策；

G. 选定选考科目。

高二年级：

A. 了解多元升学渠道；

B. 了解各大学专业设置情况；

C. 了解社会分工与职业分类；

D. 准备选考科目学业水平考试。

高三年级：

A. 完成各学科复习进度；

B. 获取高校招生信息；

C. 全心冲刺,备战高考；

D. 开展升学及职业选择模拟演练；

E. 填报高考志愿。

(2)打造全市一流美术、体育特色教育基地

整合赤峰学院及其他高校各专业资源,高一年级开设校本特色课程,提升学生综合素养;高二年级选定特色课程升学方式,提升学生专业竞争力;高三年级,开设本校特长专业集训课程,助力学生衔接大学专业。

(3)增强国际交流,拓展国际化升学途径

1)开展国际教育,强化语言能力。通过开设基于中国教育的国际化校本课程,使学生理解人类文化的多元性,培养学生具有国际视野和跨文化交流的能力,同时开设语言类水平测试课程,全面强化学生语言能力。

2)开展交流合作,增强学生体验。通过开设相关学生社团、开展学生海外研学、国外学校校际线上、线下交流互访等形式,使学生更加直观了解不同国家的文化、教育、生活等,并学会尊重和欣赏,有助于学生更轻松地适应不同的文化环境,更好地融入全球社会。

3)国际升学出口规划指导。通过专家指导,帮助学生了解各国高等教育体制、大学及专业情况、国外升学考试及应试规划等,从而指导学生是否选择、如何选择海外高校、如何准备升学考试、如何申请学校等,并为学生提供相应的海外升学服务。

3. 实施路径

(1)建立"一体两翼"的核心架构

"一体"即"附中生涯教育课程体系","两翼"即"生涯规划指导讲坛"和"三级发展指导模式"。完善普通高中的生涯教育课程体系,引导学生将学校学习与未来职业和生活相联系,激发学生的自主意识,满足学生多样化发展需求,为学生提供更多发展途径与更

广阔的发展空间。在各学科的教学中自觉融入职业发展观,遵循职业发展规律,将适合学生特点的心理生活教育内容有机地渗透到日常教育教学活动中。学校按照不同年级生涯规划教育的实施目标,邀请各界人士、附中校友通过开设专门的生涯规划讲坛,融合"三级发展指导模式",以促进学生的全面发展和终身发展为目的,帮助学生树立正确的人生观、价值观和发展观,提高学生的社会适应能力。

(2)打造"一生一导"+"多元测评"的生涯规划体系

学校建立学生生涯发展导师制度,为每位学生配备成长指导教师,为学生提供个性化指导,帮助学生制订高中三年发展计划,为学生的学习和学校生活提供支持。借助专业测量工具和智慧测评体系,对学生的发展进行评估,以形成合理有效的评估报告,为学生生涯发展规划提供参考。

(3)构建"大中一体化"育人机制

优专分层培养,构建与赤峰学院等高校及职业学院的联合育人体系,整合社会资源,聘请各界人士、校友、家长为生涯指导师,做职业成长辅导讲座、开展科技实验、社会调查和研究项目等生涯教育系列活动。坚持以学生全面发展为中心,对接区域内优质大专院校相关专业,将部分热门专业预科课程纳入学校校本课程,培养"高素质、强能力、硬技术"的实用性、技术型人才为目标,订单式入学为不同层次的学生提供升学路径,培养考即录取、录取即就业的复合型数字技术人才。

(4)建立"职业体验"+"专业学习"基地

与行业、协会、大学、科研机构、公益组织等合作,建立学生生涯规划教育基地,使学生了解职业与社会分工,认识工作的意义,了解不同的职业对个人素质的要求,增强学生的职业认知,形成初步的职业取向。

(5)营造生涯规划教育文化

建立学生发展指导场所、文化阵地,充分利用学校的数字互动系统为学生提供相关的信息服务;开展丰富多彩的校园文化活动,使用主题班会、校园广播、学校报刊等开展生涯教育,鼓励学生组建具有职业经历性质的社团,并定期开展各种形式的社团活动。

(6)开展家庭教育指导

学校将生涯教育融入家校共育和家庭教育指导,通过家长学校、家长委员会等阵地,"家长大课堂""家长面对面"等形式,指导家长了解生涯教育的理念与方法,引导家长尊重学生的个性特长、成长规律和发展需求,帮助孩子理解家庭、学校、社区和社会对个人生涯发展的影响,科学设计生涯规划,形成生涯教育的家校合力,营造良好的社会氛围。

(二)以实践育人常态化实施为特色提升育人品牌

1.活动宗旨

立德树人是教育的根本目的,基于新课标的中国教学改革创新强调对学生核心素养的培养要从"坐而论道"走向学科实践,构建实践型的育人方式。面对目前学生生源的差异,通过实践育人活动为切入点,以"道"御"术",并非就课程改革抓课程改革,而是有效地将教师的学术专长、学生兴趣爱好、校内外资源整合于课程要素之中,进而将改革的触角向课堂教学延伸,激发学生的学习热情和动力,让每个学生都能找到自己成长的空间。

2.活动目标

系统构建实践育人常态化实施。

A.让学生获得亲身参与实践的积极体验和丰富经验；

B.形成对自然、社会、自我的内在联系的整体认识，发展对自然、对社会、对自我的责任感；

C.形成从生活中主动地发现问题并独立地解决问题的态度和能力；

D.发展实践能力，发展对知识的综合运用和创新能力；

E.养成合作、分享、积极进取等良好的个性品质，促进学生人格的健康；

F.发展自主学习的能力。

3.实施路径

规范操作流程简要概括为：

（1）树立四个基本理念

面向生活、知行合一、交往对话、自主发展。

（2）多渠道、多途径建立校内外专兼职指导教师队伍

A.鼓励本校教职工参与实践育人活动的组织和指导，学校做好培训工作；

B.聘请高校和科研院所的有关专家为客座指导教师；

C.聘请实践基地的单位负责人为指导教师；

D.培养部分高年级学生任低年级学生的"小导师"。

（3）因地制宜开辟五条实施途径，创设育人活动空间

A.以校外实践基地为依托，开展社会调查和生态考察活动；

B.以学生家长单位为基地，开展岗位体验和社会观察活动；

C.以学生社团为平台，开展丰富多彩的自主实践活动；

D.以学校"生态园"为平台，开展生物科技实践活动；

E.以志愿者小组为平台，开展社区服务活动。

（4）按照"三点预设"开发活动资源

A."看点"——根据经济社会的发展和学生的需求，选择确定具体的考察和研究的对象；

B."与学科知识联系点"——分析所考察和研究的对象与学科知识有什么联系；

C."教育点"——挖掘考察对象和活动对学生思想品行、个性心理等方面的发展具有哪些价值。

（5）以"四题递进"的方式编制活动内容体系

确定课题是核心任务，依照主题—专题—问题—课题"四题渐进"的思路来确定课题，其中主题和专题由教师预设，体现了教师在实践育人活动课程中的主导地位；从专题中寻找问题并提炼成课题由学生生成。

（6）五个阶段保证实践育人活动的落实

A.基础培训阶段（高———学年）；

B.课题准备阶段（3～5天）；

C.实地考察阶段（4～5天）；

D. 总结交流展示阶段(依学校实际自定);

E. 反思提升阶段(依学校实际自定)。

(7)运用六种具体方法彰显活动的育人价值

A. 促进学生健康人格和幸福感的形成;

B. 提高了社会责任感;

C. 发展了自主学习和实践创新能力;

D. 有利于提升学科学习成绩;

E. 对学生职业成熟度产生了积极影响;

F. 促进了教师的专业发展,全面提升学校整体教育教学质量,形成了积极的社会影响。

四、实施保障

第一,打造团结奋进的领导班子,形成高效管理机制。实行党组织领导下的校长负责制,党政领导班子健全、思想统一、目标一致,科学合理分工,明确党政联席会、校长会和中层干部会的职能定位。高定位决策、低重心运行,有切合学校实际的办学章程、长远发展规划和近期计划,并保证决策科学民主、管理规范高效,形成"校务公开、责任分担、师生合作、家校一致"的管理机制。

第二,建立完善学校内控管理制度,形成高效运行机制。完善管理制度和机制,以学校办学思想为指导,借鉴优秀管理经验,对学校现有规章制度进行梳理、修改、补充、完善。各部门岗位职责精细化,各项工作程序工作流程在扁平化组织架构下,依靠项目管理方式推动工作的运行模式,积淀形成学校的管理文化。

第三,加强干部教师队伍建设,形成学校可持续发展力量。整合并引进高校和全国基础教育优质教育资源,服务于学校管理团队和专业化教师队伍的建设,通过"请进来""走出去"学习先进管理经验,通过专家讲授、学术研讨、优质课展示、跨区域校际联合教研、教学质量提升共同体、优质学校实地跟岗学访等多角度、多层次培训教师队伍,为教师提供教学研究、专业引领、同伴互助、交流提升的时空条件,搭建学习交流、研究分享的平台,引领学校教研科研和课程建设,助推学校教育教学质量不断提升。

第四,构建青年教师梯次培养方案,打造青年教师专业化发展体系。推进青年教师培训"三、五、八工程",立足全员,分层次开展教师培训工作。构建"合格教师—教坛新锐—教学骨干—学科领航—首席教师—教学专家"梯级攀升机制。使教师具备一专多能和跨学科教学能力,逐步形成一支骨干教师的合理梯队,保持教师队伍的动态优化。同时加强普通学科及特色学科领军人物的培养,通过课题研究、课改实验、校际学访交流多措并举,用三至五年时间使2/3学科组有人进入学科领军人物行列。

第五,补充并完善教职工激励机制。以"评"促学、以"评"鉴优,充分调动广大教职员工为打造"市级特色高中""自治区特色高中"而努力工作。

赤峰学院附属中学

2023 年 6 月